Schabbat

Lea Fleischmann

Schabbat

Das Judentum für Nichtjuden verständlich gemacht

Scherz

Das Buch erschien bisher unter gleichem Titel bei
Rasch und Röhring Verlag, Hamburg

MIX
Papier aus verantwortungsvollen Quellen
FSC® C006701
FSC
www.fsc.org

Dritte Auflage 2010

Inhalt

Vorwort

Dieses Buch ist kein theoretisches Lehrbuch über das Judentum. Schritt für Schritt, ohne daß ich es zunächst merkte oder gar wollte, bin ich in Israel der jüdischen Religion näher gekommen. Es ist kein Zufall, daß sich das Judentum über Jahrtausende hinweg erhalten hat und es in jeder Generation Menschen gab, die, ungeachtet aller Verfolgungen und Versuche, sie zu Neuem zu überreden, sich an die Lehre Moses klammerten. Mächtige Reiche sind untergegangen und ihre Kulturen in Vergessenheit geraten, aber im Volk Israel gab es immer den Kern, der an Gottes Wort festhielt und sich nicht dem Druck der umgebenden Völker und deren Glaubensüberzeugungen beugte. In sich abgekapselt, haben die Juden die Lehre von Generation zu Generation weitergegeben. Sichtbar wurde das Störrische, das Sich-nicht-Beugen vor der Gewalt der Herrschenden und der Mehrheit, verborgen blieben der Zauber und die Kraft der Lehre.

Im Land Israel entfaltet das Judentum seinen geistigen Reichtum. Hebräisch, die Sprache der Propheten, ist hier Landessprache, und durch das Eindringen in die Sprache öffnen sich gedankliche Wege, neue Einsichten und Lebensweisen. Ein Eckpfeiler der jüdischen Religion ist der Schabbat, in Jerusalem strahlt er seine Faszination aus und umhüllt die Gläubigen und Nichtgläubigen mit seiner Ruhe. Allmählich hat der Schabbat auch mich in seinen Bann gezogen.

In der deutschen Sprache gab es ein reiches jüdisches Schrifttum, das im Dritten Reich vernichtet wurde. Die kleinen jüdischen Gemeinden, die sich nach dem Krieg in Deutschland etabliert haben, leiden an einer religiösen Leere, definieren ihr Judentum immer im Zusammenhang mit Verfolgung, sehen sich wieder als mögliche Opfer antisemitischer Ausschreitungen und verschließen ihre Gemeindehäuser und Synagogen vor den Blicken der Nichtjuden. Aber in der nichtjüdischen, insbesondere in der christlichen Welt gibt es ein wachsendes Interesse am Judentum, und immer mehr Menschen beginnen ernsthaft nach der geistigen Wurzel zu suchen, aus der sich das Christentum entwickelt hat.

Das vorliegende Buch gibt keine umfassenden Antworten, aber vorrangig an einem Gebot, dem Gebot der Schabbatheiligung, versuche ich, dem Leser etwas vom Geist des Judentums zu vermitteln.

Jerusalem, im April 1994 *Lea Fleischmann*

Vorwort zur Neuausgabe

Als vor zwei Jahren die Erstausgabe des Buches SCHABBAT erschien, hatte ich keine Ahnung, ob dieses Thema überhaupt auf Interesse stoßen würde. Eine simple Beobachtung war für mich der äußere Anlaß, mich mit dem Schabbat zu beschäftigen. Die Stadtviertel Jerusalems, in denen vorwiegend religiöse Juden leben, werden am Schabbat für den Straßenverkehr gesperrt. Es gibt kein staatliches Gesetz, das das Autofahren am Schabbat verbietet, kein Polizist stellt Strafzettel aus, und die säkularisierte Bevölkerung in Israel benutzt ihr Auto am Schabbat wie an allen Tagen, aber die Gläubigen lassen das Auto an einem Tag in der Woche unberührt stehen. Mich interessierte die Frage, was ist der Schabbat eigentlich und welche Kraft verhindert bei den frommen Juden das Autofahren an diesem Tag, und so begann ich, mich mit den Inhalten des Judentums zu beschäftigen. In Jerusalem stoße ich auf eine geistige Welt mit einem Reichtum an Auslegungen, Geschichten und Lebensweisheiten, die mich fasziniert und in Atem hält. Hier findet eine Renaissance der chassidischen Lehren statt, und in einer Lernstube in Mea Schearim fand ich die Geschichten von Rabbi Nachmann von Braslaw. Seine gleichnishaften Erzählungen werden dort vorgetragen und gedeutet, und eine seiner Geschichten, »Die Reise«, habe ich übersetzt und in diese Neuauflage meines Buches eingefügt.

Meine Bücher schreibe ich in deutscher Sprache, und sie erscheinen in einem Kulturraum, in dem das Judentum wie der Schabbat keine Rolle spielen; um so erstaunlicher ist für mich das Interesse an diesem Buch. Das mag zum einen daran liegen, daß in Deutschland über Juden in der Regel nur im Zusammenhang mit der furchtbaren historischen Vergangenheit gesprochen wird, die geistigen Werte des Judentums jedoch unbekannt sind. Viele fragen sich aber, wie kommt es, daß trotz der Verfolgungen über die Jahrtausende diese Religion überlebt hat und nicht wie viele andere Glaubensbekenntnisse in der Geschichte untergegangen ist. Zum anderen gewinnt die Idee des Schabbats, nämlich das besinnliche Innehalten an einem Tag in der Woche, eine immer größere Bedeutung in einer Gesellschaft, deren Wertsystem hauptsächlich von wirtschaftlichen Überlegungen beeinflußt wird. Dynamik, Konsum, Aktivität und Schnelligkeit sind die Qualitäten unserer modernen Zeit, und es ist kein Zufall, daß in diesem Zusammenhang über das Abschaffen von Sonn- und Feiertagen nachgedacht wird. In einem geistigen Klima, in dem Gott nicht existiert, kann ein göttliches Gebot keine Bedeutung haben. Immer mehr Menschen merken jedoch, daß die ständige Zunahme an Technik und Konsum keine Zunahme an Lebensqualität bedeutet. Dieses diffuse unzufriedene Gefühl in einer Gesellschaft, in der es scheinbar alles gibt, alles machbar ist und man alles kaufen kann, bringt zumindest die Sensiblen dazu, über ihr Leben neu nachzudenken.

Spürbar ist auch das Interesse in christlichen Kreisen. Das

Christentum entstand nicht in einem wertfreien Raum, seine Basis ist das Judentum. »Nicht du trägst die Wurzel, sondern die Wurzel trägt dich«, schreibt Paulus in seinem Brief an die Römer, und es ist die Suche nach der eigenen geistigen Wurzel, die immer mehr Christen dazu bringt, sich mit der Lehre Israels zu beschäftigen.

Jedesmal bin ich aufs neue erstaunt, wie viele Menschen zu den Veranstaltungen kommen, wenn ich aus SCHABBAT lese. Mein Dank gilt Jerusalem, der Stadt, in der sich der Alltag und Gottes Wort zu einer einzigartigen Mischung verbinden. Ein wenig von dem Geist dieser Stadt habe ich versucht, in diesem Buch wiederzugeben.

Jerusalem, im November 1996 *Lea Fleischmann*

Wenn du deinen Fuß am Schabbat zurückhältst und nicht deinem Willen an meinem heiligen Tag nachgehst und den Schabbat »Freude« nennst, und, um den Herrn zu heiligen, »geehrt«, wenn du ihn dadurch ehrst, daß du deine Wege nicht machst und deinen Willen nicht tust und unnötige Worte nicht redest,
dann wirst du Freude haben am Herrn, und ich will dich über die Höhen auf Erden führen und mit dem Erbe deines Vaters Jakob speisen, denn der Mund des Herrn hat es geredet.

(Jesaja 58:13–14)

1. Die Erde gehört uns allen

Ein altes Gesetz ist das Schabbatgesetz. Vor fast dreieinhalbtausend Jahren, als die Kinder Israel durch die Wüste wanderten, bevor sie ein Volk mit einer eigenen Kultur und Vergangenheit waren, gerade aus der ägyptischen Sklaverei entlassen, erhielten sie das Gebot von der Heiligung des Schabbats. Kein anderer Feiertag wird in den Zehn Geboten erwähnt, kein Festtag genannt, aber ausdrücklich wird ein absoluter Ruhetag gefordert. In sechs Tagen schuf Gott die Welt, sechs Tage veränderte, verbesserte und entwikkelte Er, am siebten Tag ruhte Gott. Ihm sollen die Kinder Israel nacheifern und nach dem göttlichen Beispiel an sechs Tagen arbeiten, schaffen, schöpfen und verändern, am siebten Tag jedoch ruhen. Am siebten Tag darf die göttliche Schöpfung nicht angetastet werden, der siebte Tag ist nicht dem Willen des Menschen unterworfen, der siebte Tag ist heilig. An ihm darf die Natur weder verbessert noch verschönert, weder verwandelt noch verarbeitet werden, denn an diesem Tag ruhte Gott aus von Seinem Tun und schuf nichts Neues.

Dieser Gedanke ist alt, so alt wie das Volk Israel selbst. Von Generation zu Generation ist dieses Gebot weitergegeben worden. Es wurde gedeutet und ausgelegt, jede kleinste Tätigkeit untersucht, ob sie unter den Begriff von Arbeit fällt, Tausende von Büchern befassen sich bis in die absurdesten Fragestellungen hinein mit der Problematik der Schabbatheiligung, und Generation um Generation rang mit diesem Gebot, bis ein verbindlicher Gesetzeskodex zusammengestellt wurde.

Alt ist das Gebot, aber relativ neu ist das Bewußtsein, daß wir Menschen dabei sind, den Planeten, auf dem wir leben, unsere Erde, zu zerstören. War das 19. Jahrhundert noch von einem bedingungslosen Fortschrittsglauben und -fanatismus geprägt, so präsentierte das 20. Jahrhundert die Rechnung. Rast- und ruhelos verbessern, verändern und kontrollieren wir die Natur. Wir bewegen uns immer rasanter, speichern immer mehr Informationen, erfahren immer mehr Neuigkeiten, beschäftigen uns mit Problemen, die unseren unmittelbaren Alltag nicht mehr berühren, produzieren immer mehr Dinge, benutzen immer mehr Gegenstände, die wir immer schneller fortwerfen. Wir sitzen in einem Zug, von dem wir wissen, daß er auf einen Abgrund zurast, aber den wir fast nicht mehr stoppen können. Wer von unserer Generation hat jemals in einem sauberen Fluß gebadet, wie viele von uns können noch ruhig in einem Zimmer sitzen, ohne den Fernseher oder das Radio laufen zu lassen, wer kann sich noch dem täglichen überflüssigen Informationswust der Zeitungen und der anderen Medien entziehen, wer hat noch die Ruhe, Monate oder vielleicht Jahre an einem Werk zu arbeiten, nur aus schöpferischer Freude?

Viele Zeitgenossen erkennen mit Entsetzen, wohin hemmungsloser Fortschritt führt. Was gestern noch phantasierte Zukunftsvision war, ist heute Realität, was gestern noch unvorstellbar war, ist heute Wirklichkeit. Es ist die

Aufgabe der gegenwärtigen Generation, neue Wege zu suchen, die Technologie wenigstens so zu verändern, daß sie umweltfreundlicher wird, alternative Energien und Ideen zu entwickeln, um die Natur nicht so hemmungslos auszubeuten. Unsere Erde gehört nicht einem Volk und einer Gruppe, unsere Erde gehört uns allen. Und alle Völker müssen in ihrem Kulturerbe und in den überlieferten Weisheiten suchen, wie wir die Umwelt schonen und schützen können. Nicht nur die Naturwissenschaftler und Techniker sind aufgefordert, ihr Denken in neue Bahnen zu lenken, auch die Theologen, Philosophen und Dichter müssen ihr Augenmerk auf die gefährdete Natur richten.

Angesichts der weltweiten ökologischen Probleme dürfen die Religionen nicht mehr krampfhaft und kleinlich an ihren Glaubensrichtungen festhalten und sich gegenseitig bekämpfen. Radioaktivität, die aus einem Atommeiler ausströmt, fragt nicht nach dem richtigen Bekenntnis, in einem verschmutzten Meer kann keiner mehr baden, die Erwärmung der Erde durch die Verletzung der Atmosphäre betrifft alle Menschen, alle Glaubensrichtungen. Nicht mehr die gegenseitigen Beschuldigungen und der ideologische Kampf dürfen das kommende Jahrhundert bestimmen, sondern jede Kultur muß aus dem Schatz ihrer Weisheiten die Erkenntnisse zutage fördern, die uns allen zugute kommen. Genauso, wie die Mediziner, die eine Arznei entdekken, diese der ganzen Menschheit zur Verfügung stellen, müssen auch die Geisteswissenschaftler nach ideellen Werten suchen und sie der Welt anbieten.

Die Heiligung des siebten Tages könnte ein Beitrag sein, die Zerstörung der Natur ein wenig zu verlangsamen und den rasanten Fortschrittszug zu bremsen.

2. Alltag in Israel: Tradition gegen Fortschritt

Israels Weise lehrten: »Zuerst kommt der Gedanke, dann die Rede und dann die Tat.« Den Beginn einer Tat können wir festhalten und uns vielleicht noch erinnern, wann wir den Gedanken, der der Tat vorausging, zum ersten Mal formulierten und in Worte kleideten. Aber den Durchbruch des Gedankens vom Unbewußten zum Bewußten können wir fast nie datieren. Manchmal schlummert eine Idee, jahrelang verborgen, unter dem Alltagsschutt in unserer Seele, und mühsam bohrt sie sich frei, manchmal erleuchtet sie wie ein Blitz aus heiterem Himmel unseren Geist und nimmt von unserem Denken Besitz, und manchmal steht sie an der Schwelle des Bewußtseins und erscheint verklausuliert und verwischt in unseren Träumen und verflüchtigt sich beim Erwachen. Viele Gedanken pendeln zwischen dem Bewußten und Unbewußten, rumoren im Gemüt, wühlen die verborgenen Falten der Psyche auf, kerben Spuren in unser Innerstes und tauchen im abgrundtiefen unauslotbaren Moor der Seele unter – verdrängt, niedergehalten, fortgeschoben. Erst in dem Moment, in dem wir einen Gedanken aussprechen und ihn in Worte kleiden, übergeben wir ihn der Umwelt. Das Wort ist der Mittler zwischen unserem Geist und der Umgebung, zwischen dem

Individuum und der Gesellschaft, zwischen der Idee und der Tat.
Seit 1979 wohne ich in Israel, und jedes Jahr fahre ich ein- oder zweimal nach Deutschland, um einen Monat lang aus meinen Büchern zu lesen. Landauf und landab reise ich, referiere in Volkshochschulen und Kirchengemeinden, in Stadtbüchereien und bei den Christlich-Jüdischen Gesellschaften.
Die Strecke München–Hamburg bildet das Rückgrat der Fahrten; von den Verkehrsknotenpunkten Stuttgart, Frankfurt oder Hannover zweige ich in die Nahverkehrsstrecken ab. Stundenlang sitze ich im Intercity-Expreß und rase in dem silbrigen, stromlinienförmigen Zug durch die grüne, wasserreiche Landschaft. Bauernhöfe, Dörfer, Städte fliegen vorbei, Felder, Wiesen, Wälder werden durchschnitten, Kirchen und Schlösser links liegen gelassen, Weinberge und Flußebenen durchjagt. In dieser hetzenden Geschwindigkeit tauchte bei mir zum ersten Mal der Gedanke auf, ein Buch über die Ruhe des Schabbats zu schreiben.
Eines der zentralen Probleme, die seit Jahren Deutschland beschäftigen, ist ein wachsendes Umweltbewußtsein und die Erkenntnis, daß neue Wege gefunden und beschritten werden müssen, um die Ausbeutung und Zerstörung der Natur aufzuhalten. In Israel hingegen, wo die Bevölkerung mit Sicherheitsproblemen und dem Aufbau des Landes beschäftigt ist, wird über die Zerstörung der Umwelt, die dort hemmungslos betrieben wird, kaum gesprochen. Umweltschutz ist ein nebensächliches Thema, das erst allmählich an Bedeutung gewinnt. Erst seit kurzem gibt es im israelischen Kabinett einen Minister für Umweltfragen, aber im Bewußtsein der Israelis gehört dieses Ressort zu den unwichtigen Ämtern in der Regierung, und dementsprechend

dürftig sieht das Budget aus. Hemmungslos werden in Israel Plastiktüten, die in allen Supermärkten und an allen Lebensmittelständen kostenlos ausliegen, benutzt; alte Automodelle kommen ohne Probleme durch den Technischen Überwachungsdienst, und ihre stinkenden Abgase verpesten die Luft; Abwässer werden in die Flüsse geleitet und verwandeln sie in Kloaken, und auf den Gedanken, daß man Haushaltsmüll sortieren kann, ist in Israel noch keiner gekommen. Nur in Dürrejahren wird die Bevölkerung angehalten, den Wasserverbrauch zu drosseln.

In der vielfältigen Parteienlandschaft Israels hat keine Partei Umweltschutz zu ihrem zentralen Thema erhoben, Umweltkatastrophen werden in den Nachrichten unter »ferner liefen« behandelt und erscheinen auf den hinteren Seiten der Zeitungen, eine gezielte Aufklärung im Unterricht und in den Medien findet nicht statt. Gelegentlich gibt es Aktionen wie »Sauberer Strand« oder »Sauberes Land«, und Schulklassen durchkämmen die Badestrände und Ausflugsplätze und sammeln weggeworfenen Abfall ein. Während in Amerika und Europa die Gefährdung der Natur und ihre Rettung als wichtiges politisches Thema erkannt wurde, werden in Israel mit zwanzigjähriger Verspätung erste Ansätze zur Sensibilisierung der Bevölkerung unternommen. Das Jahr 1994 ist zum Umweltschutzjahr erklärt worden, aber über die heftigen politischen Diskussionen um die Friedensverträge mit den arabischen Nachbarn und über die anhaltenden Auseinandersetzungen um die militärische Sicherheit des Landes und die desolate Wirtschaft verkümmert Umweltverschmutzung zu einem nicht ernstgenommenen Problem. Der Streit um die Schabbatruhe hingegen wird seit Jahrzehnten vehement geführt.

Israels Alltag ist eine Mischung aus moderner Lebensweise und alttestamentarischen Glaubensüberzeugungen. Diese, verschiedenen Lebensrhythmen harmonieren keineswegs miteinander, und häufig kommt es zu harten Auseinandersetzungen. Fortschritt kämpft gegen Tradition, wirtschaftliche Gesichtspunkte gegen religiöse Gesetze, orthodoxe Gruppen gegen säkularisierte Parteien. Der Kulturkampf wird vehement und lautstark in den Medien und auf der politischen Bühne ausgetragen; ununterbrochen wird um die richtige Lebensform gestritten. Regierungskoalitionen zerbrechen an religiösen Grundsätzen, rationale Argumente prallen auf überlieferte Glaubensmodelle, und es können keine Kompromißformeln gefunden werden. Da die orthodoxen Parteien in der israelischen Politik das Zünglein an der Waage sind, ist ihr politisches Durchsetzungsvermögen größer als ihr Rückhalt in der Bevölkerung.

Der Schabbat ist ein Hauptanliegen der orthodoxen Parteien, deren Stimmen bei allen Koalitionsregierungen benötigt werden. Sie kämpfen um die Einhaltung der Schabbatruhe nicht aus ökologischen Gründen, sondern weil die Heiligung des siebten Tages ein göttliches Gebot ist. Ihrem Einfluß ist es zuzuschreiben, daß in Israel am Schabbat keine öffentlichen Busse eingesetzt werden und die israelische Nationalfluglinie El-Al ihre Flüge an diesem Tag einstellen mußte. In Israel mischt sich Biblisches mit Alltäglichem, fernste Vergangenheit mit Gegenwart, Prophetisches mit Profanem.

3. Demonstrationen wegen des Schabbats in Jerusalem

Wenn man in Lod, dem internationalen Flughafen Israels, landet und durch die Paßkontrolle zu den Förderbändern der Gepäckankunft eilt, fällt einem zunächst nichts Besonderes auf. Der Reisende betritt eine klimatisierte Flughafenhalle, dekoriert mit großformatigen farbigen Postern, von denen gepflegte Allerweltsgesichter lächeln und für Schmuck und Coca-Cola, für Autovermietung und Hotels werben. Ein wenig befremdlich wirken die quadratischen Schriftzeichen an den Schaltern und Wänden, aber darunter stehen die englischen Übersetzungen. Sämtliche Werbetexte sind ebenfalls englisch, Bild und Wort sind auf den internationalen Tourismus abgestimmt. Hydrokulturen begrünen die betriebsame Halle, Kofferkulis stehen herum, und auf Anzeigentafeln blinken die Flugnummern und Abflugorte. An den Förderbändern drängeln sich die Reisenden, kontrollieren ungeduldig die vorbeigleitenden Koffer und Taschen, wuchten ihr Gepäck auf die Kofferkulis und schieben ihren vollbeladenen Gepäckwagen zur Zollabfertigung. Vor dem Bankschalter in der Halle stehen die Touristen an, wechseln ihre Dollars, D-Mark oder Francs in Schekel und betrachten die Geldscheine, die im ersten Moment noch ungewohnt anmuten.

An der rechten Wand der Flughafenhalle hängt ein Teppich. Im Vergleich zu den leuchtenden Reklameplakaten nimmt er sich mit seinen erdigen Farben blaß aus und wird leicht übersehen. Dieser Teppich ist eine einfache Patchworkarbeit, von keinem besonderen künstlerischen Wert, aber harmonisch in seiner ruhigen Farbkombination und symmetrischen Aufteilung. Wie in der naiven Malerei sind die Figuren unkompliziert in ihren verschiedenen Trachten dargestellt. Von der unteren Linie streben zwei Menschenreihen zur oberen Mitte des Bildes und treten durch ein Portal in Jerusalem, der Stadt mit den runden Kuppeln, ein. Manche Figuren halten eine Thorarolle in ihren Armen; andere führen einen Schofar, ein Widderhorn, mit sich. Hebräische Goldbuchstaben weisen auf den Inhalt der Darstellung hin: »Die Söhne werden in ihre Heimat zurückkehren« (Jeremia 31:17).
In der unruhigen Flughafenhalle erschließt sich den wenigsten Reisenden der Sinn dieses Kunsthandwerks. Der Teppich dient weder zur Dekoration noch zur Werbung, sondern führt dem kundigen Betrachter eine geistige Kraft Israels vor Augen. Kaum haben seine Füße das Heilige Land betreten, begegnet er einer biblischen Prophezeiung.
Diese Halle nimmt nicht nur Touristen, Geschäftsleute und Urlaubsreisende in Empfang, sie ist auch der erste Raum, den die Neueinwanderer in Israel betreten. Vor wenigen Stunden sind sie von irgendeinem Flughafen dieser Welt abgeflogen; ihr bisheriges Zuhause, Freunde und Verwandte haben sie zurückgelassen, verwirrt und ein wenig verloren stehen sie in dieser nüchternen Gepäckankunftshalle und warten auf ihre Habe. Die Neueinwanderer fühlen sich wie Abenteurer, die nicht recht wissen, was auf sie zukommt, und das Herz klopft zuversichtlich und gleichzei-

tig verzagt. Sie kennen das Land, das sie verlassen haben, aber das neue Land ist noch fremd und der morgige Tag ungewiß. Der eine oder andere von ihnen versteht die Botschaft des Teppichs und fühlt, daß er an der Erfüllung eines göttlichen Versprechens mitwirkt. Ihm spendet dieses Stoffgemälde den ersten Trost in der neuen, fremden Heimat.
Sollte ein Reisender am Freitagabend, nach Einbruch der Dunkelheit, in Israel landen und nach Jerusalem, Haifa oder Safed weiterreisen wollen, wird er bestürzt feststellen, daß der öffentliche Verkehr ruht. Bis zum nächsten Abend wird er vergeblich an der verödeten und verstaubten Haltestelle nach einem Bus Ausschau halten. Er muß aber den darauffolgenden Samstag nicht auf dem Flughafen verbringen; private Taxiunternehmen befördern die Besucher in die gewünschten Orte. Wenn der Reisende am Vorabend von Jom Kippur, dem höchsten jüdischen Feiertag, ankäme, dann könnte es ihm passieren, daß er in der Nacht und am nächsten Tag tatsächlich sein Lager in der Wartehalle des Flughafens aufschlagen müßte. Sogar wenn er das Flughafengelände verließe und sich an die Autobahn stellen würde, um ein Fahrzeug anzuhalten, würde er erstaunt feststellen, daß außer Ambulanzwagen kein Kraftfahrzeug auf der Fahrbahn zu sehen ist. Am Jom Kippur ruht der gesamte Verkehr in Israel, an diesem göttlichen Gerichtstag hüllt sich das Land in feiertägliche Stille.
Häufiger als in anderen Städten finden in Jerusalem wegen des Schabbats heftige Demonstrationen und Proteste statt. Die orthodoxen Juden stellen einen bedeutenden Teil der Jerusalemer Bevölkerung, und wie jede Gruppe, die über politischen Einfluß verfügt, versuchen sie, ihren Lebensstil den übrigen Bewohnern aufzudrängen. Am Freitagnachmittag erschallt in den Straßen Jerusalems eine Sirene, de-

ren langgezogener Ton ankündigt, daß in wenigen Minuten der Schabbat beginnt. Wie Wächter der Schrift schreiten einige bärtige Männer, gekleidet in kaftanartige schwarze Mäntel, durch den jüdischen Markt Machane Jehuda und fordern die Händler auf, sich zu beeilen, ihre Waren einzupacken und die Stände abzuräumen: »Schabbat steht vor der Tür, die Arbeit endet jetzt.«
Wütend rufen sie mit erhobener Faust den am Schabbat fahrenden Autos »Schabbes, Schabbes« nach, und um zu verhindern, daß an dem geheiligten Tag ein Wagen durch ihre Wohnbezirke fährt, riegeln sie die Straßen mit Eisenbarrieren ab. Vor kurzem wurde eine neue mehrspurige Fahrbahn eingeweiht, die in der Nähe eines Wohnviertels der orthodoxen Bevölkerung liegt; prompt folgten wochenlange Demonstrationen, die den Verkehr am Schabbat lahmlegten.
Der Schabbat beginnt am Freitagabend nach Einbruch der Dunkelheit und endet am Samstagabend, nachdem drei Sterne am Himmel erscheinen. In Jerusalem sind die meisten Kinos, Restaurants und Cafés am Schabbat geschlossen, und dies bedeutet einen wirtschaftlichen Verlust für die Gastronomie und Vergnügungsindustrie. Da in Israel an sechs Tagen in der Woche gearbeitet wird, wäre der Freitagabend ideal zum Ausgehen, denn am nächsten Morgen könnte man ruhig ausschlafen. Jahrelang gab es heftige Auseinandersetzungen um die Errichtung eines neuen Fußballstadions in Jerusalem. Mit aller Kraft wehrten sich die religiösen Parteien gegen das Sportstadion, denn die Fußballspiele werden am Schabbat ausgetragen.
Am Freitagnachmittag erlischt die regsame Betriebsamkeit Jerusalems, und am Abend ist die Innenstadt wie ausgestorben. In der Fußgängerzone, wo sonst Trubel und Ge-

schäftigkeit das Straßenbild bis spät in die Nacht hinein prägen, ein Café sich an das andere reiht, Künstler ihre Bilder und Freaks Ohrringe verkaufen, Straßenmusikanten und Pantomimen das Publikum erheitern, flattern am Freitag vor Einbruch der Dunkelheit weggeworfene Papiere gespenstisch im Wind. Die Tische und Stühle der Straßencafés sind weggeräumt, volle Müllsäcke stehen vor den Geschäften, leer und abweisend gähnt die Gasse den Betrachter an, und staubig spiegeln die Schaufenster sein einsames Bild wider. Unfreundlich und kahl bietet sich das Herz der Großstadt und das Zentrum des Vergnügens am Freitagabend und am folgenden Tag den Augen des Besuchers dar. Am siebten Tag bietet Jerusalem seinen Einwohnern und den Touristen wenig Abwechslung und Zerstreuung.

4. Ich lebe in Jerusalem

»Ich lebe in Jerusalem« heißt ein Buch des jüdischen Theologen Schalom Ben-Chorin. Es beginnt mit den Worten:

> Im Titel dieses Buches wird ausgedrückt, daß ich in Jerusalem lebe. Aber ich bin nicht in Jerusalem geboren, und es war kein Zufall, daß ich Jerusalem als Wohnort wählte. Ich bin dem Kompaß des Herzens gefolgt, der nicht wie der magnetische Kompaß auf Norden, sondern auf Osten, Else Lasker-Schüler hätte gesagt: auf Gott-Osten, eingestellt war und blieb.[1]

Viele, die nach Jerusalem ziehen, suchen Gott, was immer man sich unter Ihm vorstellen mag. Sie sind auf der Suche nach dem Geistigen und Mystischen, nach dem Sinnerfüllten und Unbekannten; sie suchen das Licht, das die Seele erhellt, und sie sind getrieben von dem Bedürfnis, ihrem Leben einen Sinn zu geben.

»Jerusalem, Du Stadt aus Gold, aus Kupfer und Licht«, lautet der Refrain eines bekannten Liedes von Noemi Schemer. Es ist das Gold der Sonne, das Kupfer des Abendrots und das mystische Licht auf dem Weg zu Gott, die Jerusalems Atmosphäre prägen.

Seit vielen Jahren lebe ich in Jerusalem. Mein Schreibtisch steht am Fenster, und während der Arbeit blicke ich auf die verkarsteten, felsigen Hügel am Rande der judäischen Wüste, auf deren Kuppen Trabantensiedlungen angelegt wurden. Wie Festungen umschließen sie die Gipfel der Anhöhen, als wollten sie trotzig kundtun: »Wir haben vom Land Besitz genommen.« Kalkweiß sind die Steine, mit denen die Häuser in Jerusalem verkleidet werden, und farblich fügen sie sich in die karge, spröde Landschaft ein. In einer Senke, am Fuß eines Hügels, beugt sich ein dürftiger, aufgeforsteter Kiefernhain unter den winterlichen Regenschauern, und während der Sommermonate nimmt er allmählich die lehmige Farbe des graugelben Gesteins an.
Unmittelbar ist der Übergang von Regen- und Trockenzeit. Die Natur kennt in dieser Region der Erde keine fließenden Übergänge und keine ausgeprägten Jahreszeiten. Eine kalte Regenperiode wird von einer anhaltenden Trockenzeit abgelöst. Nur für eine kurze Frist blüht und grünt die Vegetation im Nahen Osten; auf die wenigen Wochen einer überschießenden Blumenfülle im Frühjahr folgen lange, regenlose Sommermonate, in denen die grüne Erde ihr mattes, sandfarbenes Kleid anlegt und, hoffnungslos ausgetrocknet, ihr Antlitz der brennenden Sonne preisgibt.
Mühsam wird im Sommer das bißchen Grün dem kargen Sand- und Steinboden abgerungen. Gummischläuche schlängeln sich durch die Gärten, und aus Löchern tropft das Wasser in die Wurzeln jeder einzelnen Pflanze. Der knorrige Ölbaum mit seinen harten runden Früchten und Blättern, die hoch aufgeschossene Zypresse, Disteln und Kakteen bedecken die schroffen Felsen dort, wo Menschenhand noch nicht glättend, bearbeitend und bewässernd in die Landschaft eingegriffen hat.

Die Bewohner Jerusalems haben ihren Tagesrhythmus den klimatischen Bedingungen angeglichen. Zwischen 13 und 16 Uhr herrscht, wie in vielen heißen Ländern, Siesta; die Geschäfte sind geschlossen, und das Tempo der Stadt nimmt fühlbar ab. Die Einwohner drosseln während der heißen Mittagszeit ihre Aktivitäten, denn mit schwerer Hand drückt die Hitze auf den menschlichen Organismus. Besorgungen werden entweder am Morgen oder am späten Nachmittag erledigt. Erst in der kühlen Dunkelheit beginnt das Leben in den Cafés, Theatern und Kinos zu pulsieren. Abrupt ist der Wechsel vom Tag zur Nacht. Keine allmähliche Dämmerung führt die Menschen in die nächtliche Stimmung ein, sondern plötzlich, innerhalb weniger Minuten, sinkt die Dunkelheit auf die Stadt und umhüllt sie mit ihrem samtenen Schwarz. Else Lasker-Schüler verglich die Jerusalemer Nacht mit einem Stein, der auf die Erde fällt. Bevor die Sonne untergeht, wandeln sich die gleißenden Strahlen in rotes Licht, und ihr feuriger Kern schwebt wie eine Kugel am Himmel, die innerhalb weniger Minuten am Horizont untergeht und dem Regenten der Nacht Platz macht. Bei Vollmond strahlt der Erdtrabant am wolkenlosen Firmament, und das intensive Leuchten der Himmelsgestirne findet seinen literarischen Ausdruck in den Erzählungen, die sich um die biblischen Geschichten ranken:

> Nach den ersten göttlichen Ratschlüssen sollte die Sonne die einzige Beleuchtung der Erde sein. Aber der Geist Gottes sah voraus, daß die blinden Sterblichen die Sterne vergöttern würden. Wenn die Sonne das einzige Licht sein wird, dachte Gott, wie wird man den Irrtum der Sterblichen zerstreuen können? Darum gab er dem Monde die Regierung der Nacht.[2]

Jersualem ist aus Stein und Wort gebaut. Lebendig wie die belebte Innenstadt, der orientalische Bazar, der übervölkerte Gemüsemarkt sind hier die Worte der Propheten, deren Weissagungen in der Bibel festgeschrieben sind. Sie mischen sich mit trivialen Ereignissen, sind als Sprichwörter in die Alltagssprache eingedrungen, wurden in Schlagern vertont und bilden den Hintergrund für Lyrik und Literatur.

Am Vormittag kaufe ich auf dem Machane Jehuda Markt ein. Neben den mit Obst und Gemüse beladenen Tischen brutzeln in Imbißständen Kichererbsenbällchen in heißem Öl, behende Verkäufer füllen geröstetes Lammfleisch in Fladen, und aus vollen Salatschüsseln fischen sich die Käufer scharfe Paprikaschoten und würzige Oliven heraus. Ein Scherenschleifer wetzt Messer an einem Schleifstein, von dem die Funken sprühen, ein Schuster mit schwarzen Fingerkuppen sitzt auf seinem niedrigen Schemel und besohlt ausgetretenes Schuhwerk, eine zahnlose Frau bietet Putzlappen und Stahlwolle feil, die sie auf einer Decke am Boden ausgebreitet hat. Vor einer behäbigen Araberin steht ein Korb mit frischen grünen Feigen, neben ihr halten zwei junge Männer in dunklen Anzügen, aus deren Hosen in der Taille Schaufäden hängen, männliche Passanten an und versuchen sie zum Gebet und dem Anlegen der Gebetsriemen zu überreden. In den Müllcontainern stöbern Katzen, hinter den Verkaufsständen stauen sich leere Pappkartons, die Papierkörbe in den Imbißbuden quellen über von weggeworfenen Papierservietten und Speiseresten.

In dieses Menschen- und Sprachengewirr, in das anpreisende Schreien der Händler, das lautstarke Feilschen der Kunden und das Hupen der Busse von der nahen Haltestelle ertönt aus einem Radio, das zwischen einem aufgeschichteten Haufen Gurken und Auberginen steht, ein weiches, rührseliges Lied: »Jerusalem, wenn ich Dein vergesse, verdorre meine Rechte«. Irritiert bleibe ich für ein paar Sekunden stehen, vergesse für einen Augenblick den Einkauf und horche. Der 137. Psalm schwebt über dieser quirligen, wimmelnden und schwatzenden Menschenmenge, die Nüsse und Obst, Fleisch und Fisch ersteht. Die Melodie und Worte des Liedes rufen in mir eine sentimentale Benommenheit hervor. Es ist nicht zuletzt diese eigenartige Ergriffenheit, die mich an Jerusalem bindet. Allmählich ist mir diese Stadt vertraut geworden, so manches Haus wuchs vor meinen Augen, und eine Kiefer, die wenige Zentimeter maß, als ich sie pflanzte, überragt mich längst.

5. Am Schabbat ruht der Autoverkehr

Nicht weit von meiner Wohnung entfernt liegt das orthodoxe jüdische Viertel Mea Schearim. »Hundert Tore« heißt Mea Schearim in der Übersetzung. In der Woche, als in Mea Schearim das erste Tor eingeweiht wurde, las man aus der Thora – so werden die fünf Bücher Moses genannt – das 26. Kapitel aus dem ersten Buch: »Und es säte Jizchak in diesem Lande und fand in diesem Jahre das hundertfältige Maß, so segnete ihn der Ewige« (1. Mose 26:12). Aus dem einen Tor sollten hundert werden, und so erhielt dieser Stadtteil seinen merkwürdigen Namen.
Stundenlang kann ich durch die kleinen, verschlungenen Gäßchen dieses Wohnviertels spazieren, nie wird mir der Anblick des Straßenbildes langweilig, und stets finde ich eine Ecke, die meine Aufmerksamkeit fesselt. In einem Laden, in dem jüdische Kultgegenstände wie Schabbatleuchter, Gebetsmäntel und -riemen, geflochtene Hawdalakerzen und seidene Brotdeckchen für die schabbatlichen Hefezöpfe angeboten werden, sitzt in einer Ecke ein junger braunhaariger Mann mit einem schwarzen samtenen Käppchen. Die Schläfenlocken hat er hinter die Ohren geklemmt, und mit der Hand beschriftet er Pergamentröllchen, die in einer kleinen Holz- oder Silberhülse an die Tür-

pfosten angebracht werden. Die mit dem Text gefüllten Behälter heißen Mesusa, und zwei Abschnitte aus der Thora werden darin festgehalten:

> Höre Israel, der Ewige ist unser Gott, der Ewige ist einzig. Und du sollst den Herrn, deinen Gott, lieben von ganzem Herzen, von ganzer Seele und mit all deiner Kraft. Und diese Worte, die ich dir heute gebiete, sollst du zu Herzen nehmen.
> Und sollst sie deinen Kindern einschärfen und davon reden, wenn du in deinem Hause sitzt oder unterwegs bist, wenn du dich niederlegst oder aufstehst.
> Und du sollst sie binden zum Zeichen auf deine Hand, und sie sollen dir ein Merkzeichen zwischen deinen Augen sein, und du sollst sie schreiben auf die Pfosten deines Hauses und an die Tore (5. Mose 6:4–9).
> Werdet ihr nun auf meine Gebote hören, die ich euch heute gebiete, daß ihr den Herrn, euren Gott, liebet und ihm dienet von ganzem Herzen und von ganzer Seele,
> so will ich eurem Lande Regen geben zu seiner Zeit, Frühregen und Spätregen, daß du einsammelst dein Getreide, deinen Wein und dein Öl,
> und will deinem Vieh Gras geben auf deinem Felde, daß ihr esset und satt werdet.
> Hütet euch aber, daß sich euer Herz nicht betören lasse, daß ihr abfallet und dienet anderen Göttern und betet sie an,
> und daß dann der Zorn des Herrn entbrenne über euch und schließe den Himmel zu, so daß kein Regen kommt und die Erde ihr Gewächs nicht gibt und ihr bald ausgetilgt werdet aus dem guten Lande, das euch der Herr gegeben hat.

So nehmt nun diese Worte zu Herzen und in eure Seele und bindet sie zum Zeichen auf eure Hand und macht sie zum Merkzeichen zwischen euren Augen
und lehrt sie eure Kinder, daß du davon redest, wenn du in deinem Hause sitzt oder unterwegs bist, wenn du dich niederlegst und wenn du aufstehst.
Und schreibe sie an die Pfosten deines Hauses und an deine Tore,
auf daß ihr und eure Kinder lange lebt in dem Lande, das der Herr, wie er deinen Vätern geschworen hat, ihnen geben will, solange die Tage des Himmels über der Erde währen (5. Mose 11:13–21).

Wie ein Anachronismus wirkt Mea Schearim. Bärtige Männer in dunklen Anzügen und mit breitkrempigen Filzhüten, Frauen, die ihr Haar unter festgebundenen schwarzen Kopftüchern oder Perücken verstecken, Mädchen, die trotz der Hitze langärmlige Kleider und blaue Strumpfhosen tragen, kleine Jungen mit kurzgeschorenen Haaren und wippenden Schläfenlocken bevölkern das Straßenbild. Mea Schearim erinnert an das Schtetl, die untergegangenen jüdischen Gemeinden Osteuropas, die so grausam vernichtet wurden. Hier ist Jiddisch die alltägliche Umgangssprache, hier leben die Gestalten der großen jiddischen Dichter Jitzchak Leib Perez, Schalom Alejchems und Batschewis Singers. Was auf den Theaterbühnen und in den Büchern gelegentlich noch als folkloristischer Rest einer vergangenen Tradition, eines versunkenen Sterns, einer ausgelöschten Kultur erscheint, erwacht in Mea Schearim zum Leben.
Am Anfang kam es mir vor, als befände ich mich inmitten einer Theaterkulisse, so unwirklich und fremd erschienen mir die Gestalten. Gleichzeitig strömten sie etwas Vertrau-

tes aus; in den Büchern und auf vergilbten Fotografien waren sie mir tausendfach begegnet. Wenn ich alte Abbildungen aus dem Schtetl betrachte, so schauen mir die engen Gäßchen Mea Schearims entgegen. Die kleinen verwinkelten Häuser scheinen aufeinanderzufallen, die windschiefen Dächer halten sich gegenseitig fest, auf engen Balkonen sind Wäscheleinen gespannt, und die armseligen Kleidungsstücke wiegen sich im warmen Sommerwind. Verrostete Blech- und Drahtgestelle zäunen die Vorgärten notdürftig ab, in denen rote, weiße und rosafarbene Oleanderstauden wild wuchern. Katzen dösen faul im Schatten der Weiden, Eukalyptus- oder Zitronenbäume. Die Kluft und den Lebensstil haben die orthodoxen Juden aus den kalten Ländern Osteuropas mitgebracht, nur die Fauna und die Hitze deuten darauf hin, daß Mea Schearim nicht in der polnischen Tiefebene, sondern im Nahen Osten liegt. Jasmin-, Oleander-, Agaven- und Geraniensträucher blühen inmitten von vertrocknetem, verdorrtem Unkraut, wilder Wein rankt sich malerisch an den Häuserwänden entlang, und wuchernde Feigenbäume spenden in der trockenen Hitze ein wenig Schatten.

Arm und überbevölkert ist Mea Schearim. Die kinderreichen Familien drängen sich auf engstem Raum, an den Straßenecken betteln Bedürftige um Gaben, und die Häuser sind durch abenteuerliche Anbauten vergrößert worden. Aber eines zeichnet dieses ärmliche Viertel vor anderen notleidenden Gegenden aus. Wenn man durch die niedrigen Fenster blickt, sieht man in fast allen Stuben Regale, gefüllt mit Büchern und Schriften. Hier wohnt keine ungebildete Bevölkerung, im Gegenteil, hier leben Menschen, die der Heiligen Schrift eine lebendige Bedeutung zumessen und das geschriebene Wort in Ehren halten.

Überall in Mea Schearim begegnet man Talmud-Thora-Schulen für die Kinder und Jeschiwoths, religiösen Hochschulen, in denen die Erwachsenen lernen. Ein unentwegtes Murmeln von Stimmen und ein rhythmischer Singsang dringt aus den Lehrhäusern.
Die ständige geistige Auseinandersetzung mit der Thora verhindert, daß die Armut in Mea Schearim ihr hoffnungsloses Gesicht preisgibt. Dort, wo der Glaube an Gott an erster Stelle steht, kommt den materiellen Werten eine mindere Bedeutung zu. Der Mangel an Besitz hat nicht zwangsläufig eine Gier nach Konsum oder eine Flucht in Rauschmittel zur Folge. Das intensive Studium der Heiligen Schriften und das unbedingte Festhalten an religiösen Gesetzen verhindern, daß Alkohol- und Drogenprobleme oder Prostitution in Mea Schearim Fuß fassen können.
Wenn man durch Mea Schearim wandert, die Mädchen mit ihren schürzenartigen Hängern betrachtet, die formlosen dunklen Kleider der Frauen ansieht, die gegürteten Mäntel der Männer in Augenschein nimmt, dann überkommt einen das Gefühl, die Zeit wäre stehengeblieben.
Aber Mea Schearim befindet sich nicht im 19. Jahrhundert, sondern ist ein Großstadtviertel unserer Tage. Waschmaschinen und Kühlschränke erleichtern auch dort der Hausfrau die Arbeit, Telefax und Computer haben Einzug in die Büros gehalten, und durch diese Gegend führen einige breite Verbindungsstraßen mit einem großen Verkehrsaufkommen. Wie überall in der Stadt sind die Straßen in Mea Schearim zugeparkt, und die Autos behindern die Fußgänger. Das Besondere an Mea Schearim jedoch ist, daß sich dieser Stadtteil Jerusalems nicht bedingungslos dem Verkehr unterworfen hat.
Oft bin ich am Schabbat durch Mea Schearim spazierenge-

gangen. Am Freitagnachmittag werden die Straßen, die in das Viertel führen, durch Barrieren abgeriegelt. Kein Auto kann mehr hinein- oder herausfahren. Bis zum folgenden Abend, bis Schabbatausgang, gehört die Straße ausschließlich den Menschen. Es faszinierte mich zu sehen, wie in einer modernen Metropole ein Teil der Stadt sich freiwillig den Errungenschaften der heutigen Kultur entzieht. An einem Tag in der Woche verschließt sich Mea Schearim dem Fortschritt, der Technik, und verwehrt dem Symbol des modernen Zeitalters, dem Auto, den Zutritt in seine Welt. Malchei Israel, die Hauptstraße dieses Viertels, durch die täglich schwere Autobusse brummen, Lastwagen stinken, Autoschlangen ihre giftigen Abgase in die Luft schleudern, ist wie leergefegt. Kinder spielen auf dem Asphalt, Mütter und Väter schieben die Kinderwagen nicht nur auf den engen Bürgersteigen, sondern benutzen die Straße, junge Mädchen in festlichen Kleidern stehen in Grüppchen auf Verkehrskreuzungen, kichern und necken einander. Die Ampeln blinken wie an den Wochentagen, aber am Schabbat sind es sinnlose Signale, deren farbiges Licht nichts bedeutet. Einen Tag in der Woche ist es der vielbefahrenen, verpesteten, lauten Verkehrsader erlaubt, aufzuatmen und anstatt dröhnenden Autolärms Kinderlachen zu vernehmen.
Vielleicht ahnte ich auf den leeren Straßen Mea Schearims das erste Mal die Bedeutung, die das Gebot von der Schabbatheiligung für unsere Umwelt haben könnte, vielleicht war es auf der gelben, verwitterten Bank hinter einer Synagoge, auf die ich mich öfters am Schabbatnachmittag setzte und verstohlen, wie ein ungebetener Gast, den alten, melancholischen und gleichzeitig jubelnden Gesängen der Betenden zuhörte. Diese rhythmischen Melodien entsprin-

gen den Herzen, oftmals sind es nur wortlose Wiederholungen von Tonfolgen, die mit Inbrunst und Freude gesungen werden. Die Gläubigen loben den Herrn der Welt, preisen Seine Schöpfung und danken Ihm für den Schabbat, das große Geschenk Gottes an Sein Volk Israel. Berührt saß ich alleine im Schutz der anbrechenden Dunkelheit, lauschte den alten Weisen und nahm an der Verabschiedung des Schabbats teil.
Kaum hüllt die schwarze Nacht die Stadt ein, und es erscheinen drei Sterne am Himmel, braust wie ein näherkommender Donner der Verkehr heran. Für Augenblicke kämpfen die Stimmen gegen den Straßenlärm – vergeblich, sie gehen im schrillen Gekreisch der anfahrenden Autos, der quietschenden Bremsen und der aufheulenden Motoren unter. Der Autolärm umfaßt Mea Schearim mit seiner blechernen Faust, und nach Schabbatausgang hat er ganz Jerusalem wieder in seinem Griff.

6. Ich war Jüdin und wusste nicht, was das ist

Fremd und gleichzeitig bekannt ist mir Mea Schearim. Meine Großeltern, meine Ahnen, waren in der Welt des jüdischen Gesetzes zu Hause; für mich ist diese Tür verschlossen. Das Leben mit der Thora, das totale Unterordnen unter das Gesetz der jüdischen Religion ist für mich undenkbar. Ich bin aus Deutschland nach Israel ausgewandert, weil ich als Jüdin das Bedürfnis hatte, in meinem eigenen Land zu leben, an einer Gesellschaft teilzuhaben, wo ich weder Minderheit noch etwas Besonderes darstelle. Die Suche nach meiner Identität führte mich hierher. Solange ich in Deutschland lebte, heilte die eiternde Wunde der Geschichte nicht zu. Die tragische Vergangenheit ist für Juden dort immer gegenwärtig, Angst und Mißtrauen gären unter der dünnen Schicht der Normalität, mimosenhaft empfindlich münzen sie jedes Wort gegen Minderheiten als persönlichen Angriff um.

In Deutschland verstand ich Judentum als Schicksals- und Opfergemeinschaft, verbunden mit Entwurzelung, Verfolgung und Heimatlosigkeit. Die geistigen Werte der jüdischen Religion konnten mir meine Eltern, die den Holocaust überlebt hatten, nicht vermitteln. Umgebracht waren die Lehrer, vergast die Großeltern, Synagogen und Bücher

verbrannt, und ich wuchs ohne Tradition, ohne Glaube, ohne Wissen um die Werte des Judentums auf. Das wenige, was mir in einem unzulänglichen Religionsunterricht beigebracht wurde, erschien mir überholt und veraltet, verknöchert und versteinert.
Ich war Jüdin und wußte nicht, was das ist. Das Judentum kam mir wie ein Gefäß vor, das mir nach außen hin eine andere Form gab, mich von den anderen unterschied, dessen Inhalt jedoch ausgelaufen war. Jüdin sein bedeutete für mich, nicht zum deutschen Volk zu gehören, trotz der deutschen Staatsbürgerschaft ein Gefühl der Fremdheit mit mir herumzutragen, mich abzugrenzen von den Tätern, innerlich ein Opfer zu bleiben, ohne Opfer sein zu wollen. In dieser Ausgrenzung erschöpfte sich das Wissen um meine jüdische Herkunft. Ich konnte mir nicht erklären, warum sich meine Ahnen mit einer nimmermüden verbissenen Kraft an das Judentum geklammert und jahrtausendelang die ausgestreckte Hand der christlichen Kirche abgewiesen hatten, warum man sie weder durch Schläge noch durch Versprechungen von der Thora, ihrem Gesetz, abbringen konnte. Noch in der Hölle der Vernichtung versuchten gläubige Juden, sich an religiöse Gesetze zu halten, wie Zeugenaussagen und überlieferte rabbinische Gutachten aus den Todeslagern beweisen.

> Der Zug zuckelte weiter mit seiner Menschenfracht. Zusammengepfercht wie Vieh in den überfüllten Güterwagen, waren die unglücklichen Insassen nicht einmal fähig, sich zu bewegen. Die Luft war zum Ersticken. Je weiter der Freitagnachmittag fortschritt, um so tiefer versanken die jüdischen Männer und Frauen auf dem Nazitransport in ihr Elend. Plötzlich gelang es einer jüdischen Frau mit be-

trächtlicher Anstrengung, sich zu bewegen und ihr Bündel zu öffnen. Mit Mühe zog sie zwei Kerzen und zwei Challot (Hefezöpfe) hervor. Die hatte sie gerade für den Schabbat vorbereitet, als sie an diesem Morgen aus ihrem Heim geschleppt wurde. Sie waren das einzige, was sie des Mitnehmens für wert gehalten hatte. Bald hellten die Kerzen die Gesichter der gequälten Juden auf, und der Gesang des Lecha Dodi verwandelte die Szene. Schabbat mit seiner Atmosphäre von Frieden hatte sich auf alle herabgesenkt.[3]

Der Psychoanalytiker Viktor E. Frankl, der selbst Häftling in Auschwitz war, hat uns seine Beobachtungen mitgeteilt:

> Das religiöse Interesse der Häftlinge, sobald und sofern es aufkeimt, ist das denkbar innigste. Der neu hinzugekommene Lagerinsasse wird oft nicht ohne Erschütterung von der Lebendigkeit und Tiefe religiösen Empfindens überrascht sein. Am eindrucksvollsten in dieser Beziehung sind wohl die improvisierten Gebete und Gottesdienste, die wir im Winkel einer Lagerbaracke erleben konnten oder in einem finsteren, versperrten Viehwaggon, in dem wir von einer entfernter gelegenen Baustelle, müde, hungrig, frierend in unseren durchnäßten Fetzen, nach der Arbeit ins Lager zurückgebracht wurden.[4]

Eines weiß ich sicher; die Juden sind nicht dümmer als andere Völker, sie sind auch nicht verstockt und verbohrt. Wenn sie bis jetzt nicht vom Glauben ihrer Väter gelassen und unter den schwersten Bedingungen, während einer zweitausendjährigen Diaspora, an der Thora, ihrem Gesetz und ihrer Religion festgehalten haben, so kann der Grund nur sein, daß sie daraus eine Kraft schöpfen, die den Menschen in eine göttliche Sphäre erhebt, die jedes körperliche Leid und sogar den Tod relativiert. Verletzen konnten die Feinde Israels nur das vergängliche Fleisch; die Seele des gläubigen Juden ist unantastbar.

Unantastbar ist die Seele des gläubigen Juden, aber der Glaube an Gott ist antastbar. Meine Großeltern lebten noch in der Einheit mit dem ewigen Gott und dem jüdischen Gesetz, und bis zu ihrem bitteren Ende vertrauten sie auf Ihn. Kein Nazistiefel konnte ihren Glauben zertreten, keine Peitsche ihnen ihre Gottesliebe herausprügeln, kein Gas und kein Feuer sie von ihrem Gott entfernen. Verwurzelt und verankert, verwoben und vereint mit der Thora, bewegten sie sich im vertrauten Haus des Gesetzes. Meine Eltern dagegen überlebten mit zweifelnden Seelen; ihr religiöses Rückgrat war gebrochen. Nach dem Holocaust lag das Judentum für sie in Scherben, die Tradition in Schutt und Asche. Nicht mehr eingebettet in den großen Familienverbänden, wandten sie sich vom jüdischen Gesetz ab. Weil meine Mutter sich nicht ganz von ihren Vorkriegsgewohnheiten lösen konnte, behielt sie manche Riten bei, wie leere Formeln, deren Sinn verlorengegangen war. Sie zündete am Freitagabend Kerzen an, beachtete die Schabbatvorschriften aber nicht weiter. Die Speisegesetze, die nur den Genuß von gesunden, geschächteten Tieren erlauben und denen zufolge das Fleisch nur in einer koscheren Metzgerei gekauft werden darf, hielt sie nicht ein, sondern ging zum deutschen Metzger um die Ecke. Gleichzeitig war ihr Ekel vor Schweinefleisch so groß, daß sie es niemals heimbrachte, und es widerstrebte ihr, Fleisch- und Milchprodukte zusammen zu kochen oder auf ein Butterbrot ein Stück Wurst zu legen. Da sie aus einem religiösen Haushalt

stammte, hatte sie als Kind die peinlich genaue Absonderung von Milch- und Fleischprodukten gelernt, und in unzulänglicher Form behielt sie diese Trennung bei.
Ich hingegen, die so wenig Wissen und nur noch Reste von jüdischem Brauchtum mitbekommen hatte, schob jedes in religiöser Tradition eingebundene Verhalten weit von mir. Neben folkloristischen Spuren blieb mir nur noch die leere Hülle des Andersseins. Von der Geschichte verbrannt, von der Identität getrennt, wurzel- und heimatlos kam ich nach Jerusalem. Nachdenklich verbrachte ich manche Stunde auf der Holzbank hinter der Synagoge. Alleine saß ich draußen; ich hatte keinen Weg in die Gemeinschaft der Gläubigen gefunden.

7. Ich denke im deutschen Wort

Viele jüdische Denker, die nach Israel einwandern, begeben sich auf die Suche nach ihren geistigen Wurzeln und treten eine Reise in eine alte Kultur an, die in ihnen wirkt, aber die sie mit dem Verstand nicht fassen können. Mittels der hebräischen Sprache versuchen sie den intellektuellen Zugang zum Judentum zu finden. Bevor ich Deutschland verließ, wurde ich oft gefragt: »Warum willst du nach Israel auswandern, warum ziehst du nicht in ein anderes europäisches Land, nach Frankreich oder Italien?«
»Weil ich die Bibel im Original lesen will«, antwortete ich.
Wenn ich eine hebräische Ausgabe des Alten Testaments betrachtete, fühlte ich, daß ich einen Schatz in den Händen hielt, den ich nicht heben konnte. Das Buch lag geöffnet vor mir und war mit sieben Siegeln verschlossen; die Worte hatten Spuren in meiner Seele hinterlassen, ohne daß ich in der Lage war, sie zu benennen, die Jahrtausende hatten einen geistigen Stoff in mir gewebt, den ich nicht greifen konnte.
Als ich eines Tages die »Hebräischen Melodien« von Heinrich Heine las, kam es mir vor, als spräche der Dichter zu mir und hätte diese Zeilen für mich geschrieben:

Raten möcht ich Dir Geliebte,
Nachzuholen das Versäumte
Und Hebräisch zu erlernen –
Laß Theater und Konzerte,

Widme ein'ge Jahre solchem
Studium, du kannst alsdann
Im Orginale lesen
Iben Esra und Gabirol

Und, versteht sich, den Halevy
Das Triumvirat der Dichtkunst,
Das dem Saitenspiel Davidis
Einst entlockt die schönsten Laute.[5]

Erst in Israel erkannte ich, daß ich zu spät gekommen war und das Schicksal von Max Brod teilen mußte.
Der jüdische Schriftsteller Max Brod emigrierte 1939 aus Prag, und bewußt wählte er Israel als Zufluchtsort, das Land, mit dem er durch seine Religion verbunden war und in dem er seine zionistischen Ideale verwirklichen wollte. Hier schrieb er über die hebräische Sprache:

Dreißig Jahre alt bin ich geworden,
Eh ich begann, die Sprache meines Volks zu lernen.
Da war es mir, als sei ich dreißig Jahre taub gewesen.

Und nun erschütterten, so lang zurückgehalten,
Daß losgelassen sie wie Blitz die Luft durchschlugen,
Nun schütterten mein Ohr die alten Laute.

Die meine Wiege schön umklungen hätten,
Die mir in Knabenschritt und erster Liebe
und erster Mannestat Geleit gewesen wären.

Nun kam zu spät das Wiegenlied und klang nicht süß.
Nein, wie erzürnt ob bitterer Versäumnis
Brach es als Blitz und jäher langer Donnerton

Mit Krampf und Wirrwarr her.[6]

Zu spät kam das Wiegenlied und klang nicht süß. Treffend hat Max Brod die geistige Ohnmacht beschrieben, die er angesichts der hebräischen Sprache fühlte. Das Schriftbild, der Klang, der Aufbau sind völlig anders als im Deutschen, und doppelt schwierig gestaltete sich für den Schriftsteller das Exil. Sein geistiges Handwerkszeug, die deutsche Sprache, war unbrauchbar geworden, die Umwelt verstand ihn nicht, und die neue Sprache hatte er nur unzureichend gelernt.

Das Leiden an der Sprachlosigkeit empfindet jeder Intellektuelle, der seine sprachliche Heimat verläßt. Er muß sich nicht nur an ein neues Klima und an eine fremde Umgebung gewöhnen; in der Regel muß er auch den Beruf wechseln. Er fühlt sich wie ein Fisch, den man aus seinem nassen Element herausgezogen hat, und der nun jämmerlich nach Luft schnappt. In der Fremde verstummt der Dichter.

Die Menschen, die nach Israel einwandern, nennt man die Generation der Wüste. Vierzig Jahre wanderten die Kinder Israel in der Wüste, und erst die in Freiheit geborene Generation nahm das versprochene Land in Besitz. Der Neueinwanderer irrt zunächst in der geistigen Öde umher, und allmählich, für sein Gefühl viel zu langsam, nimmt er am intellektuellen Leben teil. Physisch wohnt er hier, aber durch Erinnerung und Sprache ist er wie mit einer Nabelschnur mit seinem Herkunftsland verbunden. Es spielt keine Rolle, ob er aus freiem Willen ausgewandert ist, ob die wirtschaftliche Not ihn trieb oder er gezwungen war, zu emigrieren. Die Generation der Wüste wandert zwischen den Kulturen, zwischen dem Gestern und dem Morgen. Einerseits ist der Horizont der Einwanderer erweitert; sie haben sich in verschiedenen Lebensräumen einrichten müssen, sind mobil in ihrem Verhalten, aber gleichzeitig festgefahren in ihren geistigen Ausdrucksmöglichkeiten. Die nicht mehr gesprochene Sprache verdünnt und verflüchtigt sich; die neue Sprache hingegen baut Hindernis um Hindernis auf. Ein unentwegtes Ringen um die Worte beginnt, und je älter der Mensch ist, desto schwieriger gestaltet sich dieser Kampf. Schmerzhaft nimmt man seine Unfähigkeit zur Kenntnis, und erstaunt beobachtet man die Kinder, die mühelos die komplizierten Vokabeln behalten. Die Sprache der Kindheit umschließt die Seele wie eine Haut, deren Farbe sich nicht verändern läßt. Wie ein weicher Stoff schmiegt sie sich an den Verstand, und mag auch nicht alles brillant sein, was man sagt, wenn es nur gut formuliert ist, erwecken die Worte den Anschein der Klugheit.

Schroff und holpernd erscheinen dagegen die Silben, die man als Erwachsener lernen muß. Sie fließen nicht leicht und locker von der Zunge, sondern verdrehen sich, bilden Lücken und sind nicht zur Stelle, wenn man sie braucht. Die Sätze klingen schwerfällig und ungeschliffen; und mögen die Gedanken noch so ausgereift und tiefsinnig sein, sie bleiben doch im Dickicht der sprachlichen Unzulänglichkeit hängen.

Wie gut kann ich Max Brod verstehen. Auch für mich wird Hebräisch immer eine Fremdsprache bleiben, nur mittelmäßig habe ich sie erlernt. Ich habe die hebräische Sprache nicht einfangen können, und ich weiß, daß ich sie niemals beherrschen werde. Bis zu einem gewissen Grad hat sie sich mir erschlossen; die Denkweise, die mit Hebräisch zusammenhängt, ist mir vertraut geworden, aber die Schönheit und Poesie der Sprache sind mir fremd geblieben. Ich denke im deutschen Wort, schreibe deutsch, kann intellektuellen Genuß nur in der deutschen Sprache erleben und bin, ohne daß ich es plante, eine Wanderin zwischen den Kulturen geworden.

8. Du sollst Dir kein Bild machen

Wenn ein Besucher aus einer europäischen Großstadt durch Jerusalem geht, empfindet er einen Mangel, den er zunächst nicht erklären kann. Irgend etwas im Straßenbild scheint unvollständig, und er weiß nicht, woher diese Lücke in der Wahrnehmung rührt. Er sieht Gebäude, deren Außenwände mit hellem Stein verkleidet sind, er findet Einkaufszentren mit modernen Glasfassaden und verchromten Eingängen; kleine Läden säumen die Bürgersteige der Innenstadt, und Leuchtreklamen preisen die Geschäfte und ihre Erzeugnisse an. Wie in jeder großen Metropole staut sich zu Stoßzeiten der Verkehr und verstopft die Straßen, die Busse hupen, nervös drücken die an den Ampeln wartenden Autofahrer aufs Gaspedal, Polizisten schreiben falschparkende Autos auf.

Hohe Hotelgebäude deuten auf einen regen Tourismus hin. Reisegruppen besichtigen die geschichtsträchtige Altstadt, Reiseleiter erklären die archäologischen Ausgrabungen, Händler auf dem Bazar versuchen die Aufmerksamkeit der ausländischen Gäste auf ihre Stände zu lenken, und ein vielfältiges Angebot an Restaurants konkurriert um den Gast. In den wohlhabenden Wohngegenden zieren Gärten die Hauseingänge, Efeu und Bougainvillea begrünen die

Fassaden, Geranienbüsche säumen Fenstersimse und Terrassen. In den ärmeren Stadtteilen stauen sich ausgediente Möbel, Bretter und Alteisen in den Höfen, Wasserrohre sind auf dem bröckelnden Putz der Häuserwände verlegt, Balkone notdürftig zugebaut. Der Besucher kommt an Plätzen und Parkanlagen vorbei, und ein merkwürdiges Gefühl der Unvollkommenheit macht sich breit.

In Jerusalem begegnet er keinen Denkmälern, keinen Standbildern, er entdeckt keine in Stein gehauenen oder in Bronze gegossenen menschlichen Gestalten. Weder der Gründer der zionistischen Idee, Theodor Herzl, noch der erste Staatspräsident, Chaim Weizmann, weder eine biblische Figur wie Moses oder König David, noch ein gegenwärtiger geistiger Denker zieren als Denkmal einen Platz oder thronen über einem Portal. Hier und da fällt dem Besucher eine abstrakte Plastik auf, deren Sinn ihm in der Regel verborgen bleibt; ansonsten bietet sich die Architektur Jersualems klar, glatt, unverschnörkelt, höchstens durch ein paar Ornamente angereichert, dar.

In den ersten Jahren fehlte mir die europäische Baukunst mit ihrem mannigfaltigen Formenreichtum. Schmerzlich vermißte ich die Skulpturen, die reliefartig aus alten Gebäuden ragen, die Brunnen mit den nixenhaften Steinfiguren, die Dichterdenkmäler, die ehern die Zeit überdauern, und die auf Pferden sitzenden Könige und Fürsten, die jahrhundertelang unbeweglich auf das menschliche Gewimmel blicken. In Jerusalem fehlen die Monumente der Geschichte, die Gedenksteine der Kultur, die ein historisches Ereignis in einer bewegungslosen Szene festhalten. Manches Bauwerk, das vor Jahrtausenden hier stand, wurde durch archäologische Ausgrabungen freigelegt. Andeutungsweise und schemenhaft wird das Leben in der fer-

nen Vergangenheit sichtbar. Zusammenhanglose Steine und Scherben muß der Betrachter in seiner Phantasie zu Häusern, Bädern und Straßen verbinden.
Wie beeindruckend und atemberaubend ist dagegen der Anblick der alten Königsstädte wie Paris oder London, wie umwerfend sind die Fassaden von Venedig und Florenz. Jeder Platz atmet Tradition, jede Anlage zeugt vom Kunstgeschmack des herrschenden Hauses. Flach, kahl, schmucklos bietet sich hingegen, bis auf wenige Ausnahmen, Jerusalems Stadtbild dar.
Zunächst glaubte ich, die schlichte Bauführung sei auf die schnelle, moderne Bauweise zurückzuführen. Israel ist ein junger Staat; der neue Teil Jersualems mußte in kurzer Zeit erstellt werden, daher der einfache, unverschnörkelte, rationelle Baustil. Ich dachte, dieser Stadt fehle noch die jahrhundertealte, künstlerische Entwicklung der europäischen Metropolen. Irgendwann, meinte ich, werde auch Jerusalem sich mit Skulpturen, Denkmälern und Figuren schmücken und Zeugnis von der Kunstfertigkeit ihrer Bildhauer und Baumeister ablegen.
Bis ich eines anderen belehrt wurde. Die Abwesenheit von menschlichen Plastiken in Jerusalem ist kein Fehlen von künstlerischer Entwicklung, sondern eine Daseinsform dieser Stadt. »Du sollst Dir kein Bild machen«, heißt es im zweiten Gebot, nicht von Gott und nicht von den Menschen, denen man göttliche Eigenschaften zuschreiben könnte.
Als vor einigen Jahren der Kommunismus zusammenbrach und sich die Völker des Ostblocks von der Knute der kommunistischen Partei befreiten, sahen wir im Fernsehen, wie überall die Lenindenkmäler demoliert wurden. Haßerfüllt zertrümmerten, bespuckten und besudelten die sich auf-

bäumenden Menschenmassen die Statuen mit dem kahlköpfigen Gesicht; das Symbol einer Macht, die sie 70 Jahre lang beherrscht und unterdrückt hatte. Die Leninabbilder waren nicht nur künstlerisch zurechtgehauene Steine, nicht nur in Bronze gegossene Figuren; dies war der Götze, der anstelle der Heiligenbilder vom Volk verehrt werden sollte. Aber nur Völkern, die gewöhnt sind, Statuen zu verehren, kann man neue Statuen vorsetzen. In Jerusalem ist eine menschliche Figur auf einem öffentlichen Platz undenkbar. Egal, wen sie darstellen würde, eine Person aus der Geschichte oder aus der Gegenwart, aus der Politik oder dem Geistesleben, einen Propheten oder einen Herrscher; in weiten Kreisen der Bevölkerung würde sie wütenden Protest auslösen und wahrscheinlich zerstört werden. »Du sollst Dir kein Bild machen«, fordert Gott vom Volk Israel. Ein bildhafter Gott ist antastbar und zerstörbar, der Ewige ist es nicht.

9. Die Synagoge als Haus der Versammlung

Neben dem Gebäude des Oberrabinats auf der King-Georg-Straße wurde 1982 »The Jerusalem Great Synagogue« eingeweiht. Es ist ein glatter, mehrstöckiger Bau, dessen schmucklose Außenfassade von einer Inschrift und zwei sechsarmigen Leuchtern zu beiden Seiten des Eingangs unterbrochen wird.

> Dieses Haus des Gebetes für Juden aus aller Welt wurde von Sir Isaac und Lady Wolfson zur Erinnerung an jene, die starben, damit wir, das jüdische Volk, leben, geweiht. Den 6 Millionen jüdischen Opfern des europäischen Holocausts und all jenen jüdischen Männern und Frauen, die ihr Leben für die Verteidigung des Staates Israel hingaben.

Die sechsarmigen Leuchter, durch die sich Stacheldraht windet, symbolisieren die sechs Millionen Opfer des deutschen Faschismus. Das ist eine kultische Neuschöpfung, denn in der jüdischen Tradition gab es nur den siebenarmigen Leuchter, die Menorah, die im Tempel stand und jetzt als Wahrzeichen des Staates Israel dient, oder den neunarmigen Leuchter, der zum Chanukkafest angezündet wird.

Bei diesem Fest feiern die Juden den Sieg der Makkabäer über die Griechen, die im zweiten vorchristlichen Jahrhundert Israel unterdrückt und den Tempel entweiht hatten. Der sechsarmige Leuchter wird am Tag der Schoah, dem Gedenktag an die Opfer des Holocausts, angezündet.
Über eine breite Marmortreppe erreicht man den großzügig angelegten Synagogenraum, dessen Wände mit Marmorstein verkleidet sind. Wie bei jeder Synagoge bildet der Thoraschrein, in dem die Thorarollen aufbewahrt werden, den Mittelpunkt des Raumes. Über diesem Schrein leuchtet eine Buntglasmalerei, die das prophetische Wort Jesajas wiedergibt: »Denn von Zion wird die Lehre ausgehen und das Wort Gottes von Jerusalem« (Jesaja 2:3). Vor dem Thoraschrein befindet sich eine kleine Bühne mit einem Vorbeterpult, auf dem die Thora zum Vorlesen entrollt wird. Die im Boden verankerten Stühle der Sitzreihen sind mit rotem Velours überzogen.
Zehn Fenster mit Glasmalereien, auf denen jeweils ein Satz aus einem Psalm künstlerisch verarbeitet wurde, vollenden die Innenausstattung der Synagoge:

> Gott ist mein Fels und meine Festung.
> Jene verlassen sich auf Pferde, wir aber denken an den Namen unseres Gottes.
> Öffnet die Tore.
> In Deine Hände übergebe ich meinen Geist.
> An den Wassern von Babel saßen wir.
> Alles was Odem hat, lobe den Herrn.
> Hebe meine Hände auf zu deinen Geboten.
> Jerusalem umgeben von Bergen.
> Dein Thron wie die Sonne vor mir.
> Danket Gott mit Geigen und Harfen.

Die Buchstaben sind verziert und der Sinn eines jeden Psalms durch Farben und Formen angedeutet; jedoch ist keine menschliche Figur oder ein Gesicht dargestellt. Die geradlinige und klare Innenarchitektur mutet im ersten Augenblick wie ein evangelischer Kirchenraum an, nur daß hier kein Kreuz und keine Symbolik aus dem Neuen Testament verwendet wurde.

»The Jerusalem Great Synagogue« ist keineswegs typisch für Jerusalems Synagogen. In ihrer Größe und geschmackvollen Einrichtung ist sie auch kein Vorbild. Eingebettet zwischen Wohnhäusern, befinden sich zahllose kleine Betstuben, manche nicht größer als ein Zimmer. Auch sie sind mit einigen Bänken, einem Vorbeterpult und einem Thoraschrein ausgestattet, aber bei manchen schaut die Armut aus den Wänden wie aus den Kleidern der Betenden.

»Beth Knesset«, Haus der Versammlung, heißt Synagoge in Hebräisch. Das Wort »Gotteshaus« existiert in der hebräischen Sprache nicht, denn für Gott kann man kein Haus errichten. Die Synagoge ist ein Ort, an dem sich Menschen zum Gebet und zum Thoralernen versammeln. Die deutschen Juden nannten daher die Synagoge auch »Schul«, eine Stätte des Lernens. Dort wird die Heilige Schrift gelesen und gedeutet.

Der tiefe Sinn dieser unauffälligen, schmucklosen Synagogen liegt in der Einstellung des jüdischen Gläubigen zu Gott. Dem Allmächtigen, dem Ewigen, dem Unendlichen kann man kein Haus bauen. In einem großen Haus fühlt sich der Mensch unbedeutend und unscheinbar; je mehr Pracht und Prunk ihn umgibt, desto ärmer kommt er sich vor. Ein prächtiges Gebäude schüchtert die Seele eher ein als ein kleines Zimmer. In einer Synagoge hingegen soll jeder, der Arme und der Reiche, sich zu Hause fühlen. Die -

geistige Auseinandersetzung steht im Mittelpunkt und nicht die künstlerische Ausstattung. Basierend auf dem zweiten Gebot, »Du sollst Dir kein Bild machen«, befinden sich in den Synagogen keine Gemälde und keine Skulpturen, sondern nur Symbole und Schriftzeichen. Zentrum der Symbolik sind die Gesetzestafeln mit den Anfangsworten des Dekalogs. Hingegen habe ich noch in keiner Synagoge ein Bild gesehen, wie Moses vom Berg Sinai mit den Gesetzestafeln in der Hand hinabsteigt.

> »Wo wohnt Gott?«
> Mit dieser Frage überraschte der Kozker einige gelehrte Männer, die bei ihm zu Gast waren. Sie lachten über ihn: »Wie redet Ihr! Ist doch die Welt seiner Herrlichkeit voll!« Er aber beantwortete die eigene Frage: »Gott wohnt, wo man ihn einläßt.«[7]

Der Wohnsitz Gottes ist die Seele. Unser Körper benötigt ein Haus; der körperlose Gott bedarf keines. Auch der Tempel in Jerusalem wurde nie als Wohnstätte Gottes angesehen; er war der geistige und politische Mittelpunkt des Volkes. Das Judentum hat ohne Staat und Tempel überlebt, denn der Ewige und Sein Gesetz sind an keinen Ort gebunden.

10. Das Studium der Heiligen Schrift

Ein Gottesdienst in einer Synagoge kann erst abgehalten werden, wenn eine Versammlung von mindestens zehn Männern beisammen ist. In der Gemeinschaft wird gebetet und die Thora studiert. In den Betstuben sitzen alte und junge Männer über Folianten gebeugt, diskutieren miteinander und versuchen, den verborgenen Sinn der Worte zu ergründen. Die Heilige Schrift wird ausgelegt, jeder Buchstabe untersucht und gedeutet. Unerschöpflich ist die Thora, und ein Menschenleben reicht nicht aus, sie auch nur annähernd zu erfassen. Das Studium der Thora ist eine lebenslange Schulung des Geistes, und dieses Lernen ist keiner elitären Gruppe vorbehalten, sondern jeder, ob alt oder jung, ob fromm oder nicht, ob gebildet oder ungebildet, kann daran teilnehmen.

Die Juden missionieren nicht, und deswegen setzt der Schritt zum Lernen ein aktives Wollen voraus. Der Wunsch, die Thora kennenzulernen, muß im Inneren reifen, bevor der aus dem nichtreligiösen Rahmen kommende Mensch sich diesem Gebiet zuwendet. Der Lohn liegt, im Gegensatz zum akademischen Lernen, weder im Erhalt eines Diploms noch kann daraus ein materieller Vorteil abgeleitet werden. Das Studium der Schrift heißt begreifen, erforschen und am mystischen Gotteserlebnis teilhaben, um die göttliche Wahrheit zu erkennen und sein Leben danach auszurichten. Nicht um Prüfungen und Diplome geht es, nicht um Auszeichnungen und Noten, sondern um Erkenntnisse, die das eigene Leben beeinflussen, verändern und intensivieren.

Jerusalem ist ein Magnet, der seine Geister anzieht und andere abstößt. Im Hebräischen gibt es ein Sprichwort, das lautet: »Tel-Aviv tanzt, Haifa arbeitet, Jerusalem lernt.« In dieser Stadt sammelt sich ein intellektuelles Potential aller Glaubens- und Denkrichtungen. Nicht nur eine große Universität, viele Institute und Bibliotheken, in denen alle Geistes- und Naturwissenschaften gelehrt werden, sondern unzählige Talmud-Thora-Schulen und Jeschiwoths, religiöse Hochschulen, bevölkern Jerusalem. In keiner anderen Stadt der Welt wird die Heilige Schrift so intensiv studiert.

Die Worte von Rabbi Mosche ben Maimon, einem der bedeutendsten jüdischen Gelehrten, der im 12. Jahrhundert lebte, gelten für den religiösen Juden der Gegenwart ebenso wie für das Mittelalter:

> Unter allen Geboten gibt es keines, welches das Thoralernen aufwiegt, umgekehrt aber wiegt das Thoralernen alle anderen Gebote auf. Denn das Lernen führt zur Tat, darum geht allerorten das Lernen dem Tun vor. Hat einer vor sich die Erfüllung eines Gebotes und das Lernen der Thora, so unterbreche er, wenn das Gebot auch durch andere erfüllt werden kann, sein Lernen nicht, geht das nicht an, so erfülle er das Gebot und kehre dann zu seinem Lernen zurück.
>
> Dereinst muß der Mensch zuerst über das Lernen Rechenschaft ablegen, dann über seine übrigen Werke. Darum

sagten die Weisen: ›Immerdar beschäftige sich der Mensch mit der Thora, sei es um ihrer selbst willen oder nicht, denn wenn es auch zunächst nicht um ihrer selbst willen ist, so kommt er doch dahin, es um ihrer selbst willen zu tun.‹

Wen sein Herz drängt, dieses Gebot gehörig zu erfüllen und mit der Krone der Thora gekrönt zu werden, der wende seinen Sinn nicht anderen Dingen zu, auch hege er nicht den Gedanken, Thora, Reichtum und Ehre zugleich erwerben zu können. Dies ist der Weg der Thora: Iß Brot mit Salz, trinke Wasser zugemessen, schlafe auf dem Erdboden, lebe ein kümmerliches Leben, aber mühe dich um die Thora. Es ist nicht an dir, das Werk zu vollenden, doch nicht hast du die Freiheit, dich seiner zu entledigen. Hast du viel Thorastudium getrieben, so wird auch dein Lohn groß sein, denn der Lohn erfolgt der Mühe gemäß.

Sprich nicht: Wenn ich mir Geld zusammengelegt haben werde, dann werde ich wieder lernen, wenn ich mir das, was ich brauche, erworben habe und von meinen Geschäften frei sein werde, dann werde ich wieder lernen! Wenn dir ein solcher Gedanke kommt, so wirst du der Krone der Thora niemals würdig sein. Lege vielmehr dein Lernen fest und tu deine Arbeit nebenher. Sage nicht: Wenn ich frei sein werde, dann werde ich studieren, vielleicht wirst du nie frei sein.[8]

In Jerusalems Straßenbild fallen die Menschen auf, die an der Haltestelle, im Vorzimmer des Arztes, wo immer sie warten müssen, ihre Augen in ein religiöses Buch versenken, um die Zeit zum Thorastudium zu nutzen. In den Bussen sieht man keine zeitunglesenden Fahrgäste, aber relativ viele, die die Psalmen in der Hand halten und sie lautlos vor sich hersagen. Jerusalem ist die Stadt des Buches.

Viel ist über Jerusalem geschrieben worden, und viel wird noch über diese Stadt berichtet werden. Seit König David sie vor dreitausend Jahren zu seiner Hauptstadt erkoren und in den Psalmen besungen hat, ist sie nie aus dem Gedächtnis der Menschheit ausgelöscht worden. Ihr Name beflügelt die Phantasie, in ihren Mauern wohnt die Vision, und jede Generation widmete ihr Lieder und Gedichte, pries und lobte sie.
Im 122. Psalm verewigte König David seine Hauptstadt mit folgenden Worten:

> Jerusalem ist gebaut als eine Stadt, in der man zusammenkommen soll,
> wohin die Stämme hinaufziehen, die Stämme des Herrn,
> wie es geboten ist dem Volke Israel, zu preisen den Namen des Herrn.
> Denn dort stehen die Throne zum Gericht, die Throne des Hauses David.
> Wünschet Jerusalem Glück. Es möge wohlergehen denen, die dich lieben.
> Es möge Friede sein in deinen Mauern und Glück in deinen Palästen.
> Um meiner Brüder und Freunde willen will ich dir Frieden wünschen.
> Um des Hauses des Herrn willen, unseres Gottes, will ich dein Bestes suchen (Psalter 122:3–9).

Mag der Alltag aufreibend und schwer sein, mögen noch so viele Terroranschläge diese Stadt erschüttern, wenn das gläubige Herz die Weissagungen über Jerusalem liest, legen sich die überlieferten Worte der Propheten wie Balsam auf die wunden Stellen:

> Und das soll mein Ruhm und meine Wonne, mein Preis und meine Ehre sein unter allen Völkern auf Erden, wenn sie all das Gute hören, das ich Jerusalem tue. Und sie werden sich verwundern und entsetzen über all das Gute und über all das Heil, das ich der Stadt geben will (Jeremia 33:9).

Jeru – Salem, Ir Schalom, Stadt des Friedens ist die Bedeutung ihres Namens; aber von außen her betrachtet ist sie eine Stadt der Spannung, der ständigen Reibung, der politischen Kämpfe. Sie scheint das Gegenteil ihres Namens zu sein, eine Stadt des Unfriedens und der Unruhe. Nur dem flüchtigen und unkundigen Zuschauer bietet sie sich so dar, nicht demjenigen, der ihr Wesen sucht.
»Schalom« heißt Frieden, und mit diesem Wort begrüßen und verabschieden sich die Menschen in Israel. Der Begriff Schalom ist aus dem Wort Schalem abgeleitet. Schalem bedeutet Ganzheit, Heilsein, Vollständigkeit. Schalem ist das Gegenteil von Zerrissen-, Zerbrochen- und Zerstörtheit. Mit Schalom ist nicht nur der Frieden mit dem Nachbarn gemeint, sondern der Frieden mit sich selber. Dieser innere Frieden entsteht im Einklang mit Gott. Nur der Mensch, dessen Seele heil ist, kann in Frieden mit dem Nächsten und der Umwelt leben. Schalom bedeutet, sei mit dir und deinem Tun einig, akzeptiere das Leben und die Schöpfung und suche Versöhnung mit dir.
In Jerusalem begriff ich, daß Frieden nicht nur ein Abkommen zwischen Völkern und Menschen ist, sondern etwas mit Gott zu tun hat. Wer Gott fühlt und sich Ihm hingibt, verliert die Lebensangst und findet zu einer seelischen Harmonie. Wer Jerusalem aus diesem Blickwinkel betrachtet, wird erkennen, daß in dieser Stadt viele Menschen Frieden

gefunden haben. Er versteht, daß der innere Frieden unser Leben weit mehr beeinflußt als der äußere. Wer seine Grenzen annimmt und begreift, daß wir Menschen nicht die Herren der Welt, sondern nur ein Teil im Weltgefüge sind, der kann Schalom, den inneren Frieden, finden.

11. Vom Club Voltaire zum »Or Sameach«

Gewohnheiten werden zur zweiten Natur, und bitter vermissen wir sie, wenn wir aus ihnen, aus welchem Grund auch immer, herausgerissen werden. Wir streben danach, sie unter veränderten Bedingungen wieder aufzunehmen, aber die gleiche Gewohnheit kann sich inhaltlich total verwandeln.

Als ich noch in Frankfurt lebte, verbrachte ich meine Abende im Club Voltaire. Der Club Voltaire war eine linke Studentenkneipe, wo man preiswert essen und trinken konnte. Eng hockten Studenten, Dozenten und Lehrer an großen Tischen nebeneinander, und jeder sprach mit jedem. An der Theke bediente die rote Else. Die fettigen Haare hatte sie nach hinten gebunden, und mit einem breiten Lächeln begrüßte sie die Besucher. Die Luft in dem niedrigen Raum war verqualmt und stickig, an den Wänden hingen Plakate und Zeichnungen, auf denen die leidende menschliche Kreatur abgebildet war. Hungernde Kinder in Biafra, Che Guevara, erhobene Fäuste zum Protest geballt, knüppelnde Polizisten über hilflose Demonstranten gebeugt. Gegen Ausbeutung, gegen Hunger, gegen Unterdrückung, so schrien die Parolen dem Betrachter entgegen. Das Elend der Welt vor Augen, futterten wir unsere Schmalzbrote, löffelten

Bohnensuppe oder aßen griechischen Salat. Im Lauf der Jahre kannten sich die Stammgäste, aber täglich erschienen neue Gesichter. Manchmal brachte jemand eine Gitarre mit und sang wehmütige Lieder von Frieden, Hoffnung und Gerechtigkeit. Wir summten den Refrain mit und klatschten rhythmisch in die Hände. Besser, schöner, gerechter wollten wir die Welt machen, unsere Kraft den Unterdrückten und Armen widmen. Alles Leid dieser Erde ging uns an, während wir vom Leid dieser Erde verschont blieben. Während der Buchmesse lasen Schriftsteller im Club aus ihren Werken. In Prosa und Lyrik umgaben sie uns mit dem melancholischen Mantel der Einsamkeit und der lodernden Flamme des geistigen Kampfes. Eines Abends traf ich dort Erich Fried. In einem zerknitterten Anzug saß er unrasiert in der rechten hinteren Ecke des Raumes. Er war ein alter, kränklicher Mann mit einer bleichen, fahlen Gesichtsfarbe. Wie schwach sah er aus, und wie stark waren seine Gedichte. Mochte ich in vielem nicht mit ihm übereinstimmen, so erkannte ich doch, welch ungebrochener Geist in dieser zerbrochenen Hülle steckte.

Im Club Voltaire fielen die Barrieren, die uns in unserer Einsamkeit einschlossen. In der verrauchten, unkonventionellen, studentischen Atmosphäre diskutierten wir leidenschaftlich gesellschaftliche, politische und persönliche Probleme. Bei einem Glas Tee oder Bier schliffen wir unseren Verstand, stritten über politische Sachverhalte und waren uns einig, daß man diese Welt verändern müsse. Realität mischte sich mit Vision, Gegenwartsprobleme und Zukunftshoffnungen lösten einander in den Gesprächen ab. Alle duzten sich im Club Voltaire; das distanzierende Sie legten wir an der Tür ab. In einem Meer von Repression waren wir die Insel der Freiheit.

Frei. Wir wollten frei und befreit sein. Im Club Voltaire führte ich die ersten Diskussionen mit Anhängerinnen der Frauenbewegung. Wir Frauen wollten uns nicht nur vom Kapitalismus, sondern vor allen Dingen von überkommenen Herrschaftsnormen lösen. Wir bekämpften das chauvinistische Patriarchat, den männlichen Despoten. Unsere Stimmen erhoben wir gegen die sexuelle Ausbeutung und stritten für partnerschaftliches Verhalten. Sanfte und zärtliche Männer wollten wir haben.
Viele Jahre verbrachte ich fast jeden Abend in dem Lokal in der Kleinen Hochstraße, eingebettet in den Diskussionen und engagiert in den Debatten. Meine ersten schriftstellerischen Versuche begannen an einem Ecktisch in dieser Kneipe, und meine unbeholfenen Gedichte habe ich im Club Voltaire vorgetragen. Ich saß dort, bis die rote Else das Licht um zwei Uhr nachts löschte. Der Besuch im Club Voltaire war, wie in jeder Kneipe, unverbindlich, ohne jegliche Verpflichtung.
In Jerusalem fand ich kein ähnliches Lokal. Ich hatte das Bedürfnis mitgenommen, mich abends aufzumachen und in eine Kneipe zu gehen, um mit unbekannten Menschen zwanglos zu reden. Manchmal ging ich in die Fußgängerzone und setzte mich in ein Straßencafé. In den warmen Sommernächten sind die Cafés mit Touristen und Einheimischen überfüllt. Rastlos zwängen sich die Kellner und Serviererinnen zwischen den Tischen hindurch und nehmen ungeduldig die Bestellungen entgegen. Sobald man seinen Kaffee ausgetrunken hat, fragen sie nach, ob man noch etwas bestellen will. Wenn ich alleine in einem Café sitze, komme ich mir wie ein ungebetener Gast vor. Ein verworrenes Sprachengemisch dringt ans Ohr, ein Besucherstrom promeniert unablässig vorbei, und in der Atmosphäre

liegt eine unruhige Ferienstimmung. Die meisten Gäste kommen als Paare oder in Gruppen, und diejenigen, die ohne Begleitung an ihren Tischen sitzen, blicken mißtrauisch auf, wenn ein Fremder sie unvermittelt anspricht. In einem Straßencafé läßt sich kein Gespräch anknüpfen.

An manchen Abenden suchte ich das Café Atara in der Fußgängerzone auf, und während ich Limonade trank, beobachtete ich die Passanten. Die ethnische Vielfalt Israels strömte vorbei. Breitwangige, russischsprechende Frauen mit goldenen Zähnen, zierliche Äthiopierinnen, die bunten Schals um die krausen Mähnen geschlungen, weißbärtige Männer mit langgezogenen Schläfenlocken, eisschleckende schwarzhaarige Knaben mit gehäkelten Käppchen, Priester in dunklen Kutten, Araberinnen in bodenlangen, buntbestickten Gewändern und weißen Kopftüchern, rotblonde Mädchen mit strammen Zöpfen und karierten Schürzenkleidern, geschminkte Teenager mit gelockten Mähnen und junge Soldaten, die Gewehre über den Schultern. Die Passanten lachen, schlendern, schieben, spazieren die Ben-Jehuda-Straße entlang. An jeder Ecke stehen Musiker. Die blechernen Klänge eines Saxophons übertönen eine schrille Geige, ein Akkordeon kämpft gegen eine Trompete, vergebens versucht sich eine Gitarre Gehör zu verschaffen, und ein Tamburin untermalt den Gesang eines Duos. Mit einem Lächeln der Dankbarkeit und Verachtung quittieren die Künstler die Münzen, die die Vorübergehenden in ihre Schalen werfen. Manch bitteres Schicksal verbirgt sich hinter den jubilierenden Klängen einer Geige oder den tiefen Tönen eines Saxophons. Im Straßencafé konnte ich beobachten und mir Gedanken machen, aber die unverbindlichen Gespräche des Club Voltaire ließen sich in der Jerusalemer Fußgängerzone nicht wiederholen.

An einem winterlichen Nachmittag ging ich in das einzige größere Kaufhaus Jerusalems, ins Maschbir. Aus Langeweile schlenderte ich zwischen den Verkaufsständen herum, schaute mir die Kleider an, betastete einige Ledertaschen, betrachtete in der Hauswarenabteilung das Blumendekor auf weißem Porzellangeschirr, roch in der Parfümerie an farbigen Duftflakons und wußte nicht so recht, was ich mit mir anfangen sollte. Es war einer jener Nachmittage, an denen eine innere Leere in einem aufsteigt, die Stimmung auf Null sackt und man sich unbedingt unter Menschen begeben muß. So grau wie der Himmel war auch meine Laune – schal, fahl und fröstelnd. Es regnete, und ein kalter Wind fegte über die Dächer. Es gibt Tage, die sich wie ein geschmackloser Kaugummi in die Länge ziehen, an denen die teigigen Stunden sich zäh dahinschleppen und das graue Wetter die Seele in seine trübe Farbe taucht. Wie jedes Kaufhaus ist auch das Maschbir angefüllt mit überflüssigem und unnützem Kram, und lustlos fuhr ich auf der Rolltreppe von Stockwerk zu Stockwerk, auf der Suche nach irgend etwas, von dem ich nicht wußte, was es war. Letzten Endes kaufte ich in der Schreibwarenabteilung farbiges Briefpapier, nur damit ich das Gefühl hatte, nicht umsonst diesen Nachmittag im Kaufhaus verplempert zu haben.
Trotz des Regens trat ich auf die Straße hinaus. Ein Autobus brauste durch die Pfützen und bespritzte meinen Mantel mit schlammigem Wasser. Ärgerlich überquerte ich die Kreuzung und eilte zur Bushaltestelle. Eine Windböe peitschte mir die nassen Tropfen ins Gesicht und krempelte den Schirm nach hinten. Der Regen begann stärker zu prasseln, und ich flüchtete in einen Hausflur. Dort setzte ich mich auf die Steintreppe und sah verdrossen nach drau-

ßen. Der Sturm zerrte an den Kabeln, die an den Strommasten bedenklich schaukelten und bog die Baumwipfel zur Seite. Die Nässe kroch durch meinen dünnen Mantel, und ich überlegte, ob ich in das warme Kaufhaus zurückkehren sollte; dort könnte ich den Regen abwarten.
Im fahlen Dämmerlicht des Hausflurs blieben meine Augen an einem metallenen Schild kleben. »Or Sameach 2. Stock« stand darauf. »Or Sameach« bedeutet »frohes Licht«. Wie Hohn starrten mir die schwarzen Buchstaben entgegen. In diesem düsteren, feuchten Hausflur verkündeten sie frohes Licht. Trotzdem zogen mich die Worte an, und neugierig stieg ich die abgewetzten Stufen zum zweiten Stock hinauf. Warum ich mir das »Frohe Licht« ansehen wollte, weiß ich nicht. Der Name klang so kurios, und ich überlegte, was sich hinter dieser Bezeichnung verbergen könnte. »Frohes Licht« paßt zu einem Lampengeschäft, aber warum sich jemand in einem Wohnhaus im zweiten Stock einen Laden mit Beleuchtungskörpern einrichtet, konnte ich mir nicht erklären. Wie dem auch sei, ich wollte ein bißchen »Frohes Licht« sehen, vielleicht würde es die matte Niedergeschlagenheit aus meiner Seele vertreiben.
An der Eingangstür einer Wohnung hing ebenfalls das mir schon bekannte Schild. Die Tür war angelehnt und zaghaft trat ich ein. Am Ende eines Flurs befand sich ein schlauchartiger Raum, in dessen Mitte mehrere Tische zusammengeschoben waren. Um ihn gruppierten sich Stühle, und an den Wänden standen zusätzlich Bänke. Männer und Frauen saßen dort und hörten auf die Worte eines Vortragenden. Der Lehrer war ein untersetzter, etwa fünfzigjähriger Mann mit einem dichten, schon graumelierten Bart. Auf dem Kopf trug er ein samtenes schwarzes Käppchen, und vor seinen Ohren ringelten sich Schläfenlocken. Über

einem weißen Hemd ohne Krawatte trug er eine dunkle Weste, und an den Seiten lugten Schaufäden hervor. Sein anthrazitfarbener Mantel hing an einem Nagel in der Wand. Dies ist die Kluft der orthodoxen Juden.

Die Zuhörer waren Männer und Frauen verschiedenen Alters. An der Kleidung erkannte man, daß es sich nicht nur um religiöse Jüdinnen und Juden handelte. Die Männer hatten zwar alle Käppchen aufgesetzt, aber einige der Frauen trugen Hosen und verdeckten ihre Haare nicht unter einem Kopftuch. Vor ihnen lagen aufgeschlagene Bücher, und der Lehrer erklärte eine Textstelle.

In dem angrenzenden Zimmer, das als Büro diente, saß eine junge Frau vor einer Schreibmaschine. Um den Kopf hatte sie ein buntes Tuch geknotet. Ihr ungeschminktes, mit Sommersprossen übersätes Gesicht hatte die durchsichtige weiße Hautfarbe der Rothaarigen, und die wasserblauen Augen wirkten wimpernlos. Unter dem Schreibtisch stand ein elektrischer Heizofen, dessen kümmerliche Hitze ihre Beine, die ein langer Wollrock bedeckte, wärmte. Gelegentlich riß sie von einer weißen Rolle Toilettenpapier einige Blätter ab und putzte sich die laufende Nase.

»Sie sind ja ganz schön naß geworden«, begrüßte sie mich, bot mir einen Stuhl an und schob den Wärmestrahler zu mir herüber.

»Was ist ›Or Sameach‹, was ist das ›Frohe Licht‹«, erkundigte ich mich. Die Rothaarige kramte in ihrem Schreibtisch und zog ein Blatt hervor.

»Hier können Sie Vorträge über die Thora, die Propheten, den Talmud, überhaupt über das Judentum hören. Diesen Lehrplan können Sie mitnehmen.« Sie gab mir den Zettel.

»Kann jeder kommen und lernen?« fragte ich.

»Jeder.«

So begannen meine ersten Studien über das Judentum. Oft habe ich abends »Or Sameach« besucht, und obwohl die Atmosphäre dort so ganz anders als im Club Voltaire war, hielt ich an einer liebgewonnenen Gewohnheit fest. In einer Ecke stand ein elektrischer Kessel mit siedendem Wasser, und man konnte sich Tee oder Kaffee aufbrühen. Wie in alten Zeiten saß ich vor meinem heißen Getränk, hörte neue Gedanken und schärfte meinen Geist durch anregende Diskussionen. Auch hier ging es um den Menschen, seine Beziehung zur Gesellschaft und zur Umwelt, seine Probleme und seine Hoffnungen, aber im Mittelpunkt standen Gott, die Thora und ihre Auslegung.

12. Der religiöse Mensch fühlt Gottes Gegenwart

Ein schwieriges Gebiet ist die Theologie, insbesondere für den Schriftsteller, der sich nur laienhaft der Welt der Deutungen, der Erklärungen und Auslegungen nähern kann. Aber im Gegensatz zu dem Gros der Hörenden kann er aufschreiben und wiedergeben, was er vernommen und verstanden hat und so durch seine Arbeit den Kreis der Zuhörer erweitern.

Viele Menschen fühlen Gottes Gegenwart. Vor Jahren hätte ich sie als Spinner und Phantasten abgewertet. Als kritiklose Bewunderin Sigmund Freuds stimmte ich ihm vorbehaltlos zu, wenn er von den religiösen Lehren schrieb:

> Sie sind sämtlich Illusionen, unbeweisbar, niemand darf gezwungen werden, sie für wahr zu halten, an sie zu glauben. Einige von ihnen sind so unwahrscheinlich, so sehr im Widerspruch zu allem, was wir mühselig über die Realität der Welt erfahren haben, daß man sie – mit entsprechender Berücksichtigung der psychologischen Unterschiede – den Wahnideen vergleichen kann.[9]

Romain Rolland, dem Sigmund Freud sein leidenschaftliches Plädoyer gegen die Religion zuschickte, machte einen

Einwand gegen Freuds These geltend, und auf die Differenz geht Freud in seinem Essay »Das Unbehagen in der Kultur« ein:

> Einer dieser ausgezeichneten Männer nennt sich in Briefen mein Freund. Ich hatte ihm meine kleine Schrift zugeschickt, welche die Religion als Illusion behandelt, und er antwortete, er wäre mit meinem Urteil über die Religion ganz einverstanden, bedauerte aber, daß ich die eigentliche Quelle der Religiosität nicht gewürdigt hätte. Diese sei ein besonderes Gefühl, das ihn selbst nie zu verlassen pflege, das er von vielen anderen bestätigt gefunden und bei Millionen Menschen voraussetzen dürfe. Ein Gefühl, das er die Empfindung der ›Ewigkeit‹ nennen möchte, ein Gefühl wie von etwas Unbegrenztem, Schrankenlosem, gleichsam ›Ozeanischem‹. Dies Gefühl sei eine rein subjektive Tatsache, kein Glaubenssatz, keine Zusicherung persönlicher Fortdauer knüpfe sich daran, aber es sei die Quelle der religiösen Energie, die von den verschiedenen Kirchen und Religionssystemen gefaßt, in bestimmte Kanäle geleitet und gewiß auch aufgezehrt werde. Nur auf Grund dieses ozeanischen Gefühls dürfe man sich religiös heißen, auch wenn man jeden Glauben und jede Illusion ablehne.
> Diese Äußerung meines verehrten Freundes, der selbst einmal den Zauber der Illusion poetisch gewürdigt hat, brachte mir nicht geringe Schwierigkeiten. Ich selbst kann dies ozeanische Gefühl nicht in mir entdecken.[10]

Weil Freud dieses diffuse religiöse Gefühl bei sich nicht entdecken kann, ist es in seiner Lehre auch nicht vorhanden, beziehungsweise wo es wahrgenommen wird, nennt er es infantil, neurotisch, eine kollektive Wahnvorstellung.

Wie viele der 68er Generation lag ich geistig Sigmund Freud zu Füßen. Seine Beweisführung ist scharf und logisch. Wenn man das Gefühl ausschaltet und nur den Intellekt als Maßstab der Beurteilung nimmt, muß man Freud recht geben. Seine Fallstudien sind faszinierend und die logischen Erklärungen bestechend. Und doch stimme ich ihm heute nicht mehr vorbehaltlos zu. Ich glaube, daß die Fähigkeit, Gott wahrzunehmen eine Bewußtseinsebene ist, an der manche Menschen teilhaben und andere nicht.
Man kann über Gott nicht streiten, man kann Ihn nicht beweisen. Wenn Er da ist, dann ist Er da, so wie es Martin Buber in einer chassidischen Geschichte aufgezeichnet hat:

> Der Raw sprach einen Schüler, der eben bei ihm eintrat, so an:
> »Mosche, was ist das, Gott?«
> Der Schüler schwieg.
> Der Raw fragte zum zweiten-, zum drittenmal.
> »Warum schweigst du?«
> »Weil ich es nicht weiß.«
> »Weiß ich's denn?« sprach der Raw. »Aber ich muß sagen, denn so ist es, daß ich es sagen muß: Er ist deutlich da, und außer Ihm ist nichts deutlich da, und das ist Er.«[11]

Der religiöse Mensch fühlt Gottes Anwesenheit. Gott ist für ihn Realität, wie das Haus, in dem er wohnt, das Bett, in dem er schläft, und das Brot, das er ißt. Da er in einer spirituell anderen Realität lebt als der Nichtreligiöse, wird auch sein Verhalten von anderen Faktoren bestimmt. Nichts ist zufällig, in allem erkennt er Fügung, und diese Fügung beeinflußt seine Reaktionen. Er befindet sich in der Interaktion mit einer göttlichen Macht, der er dient, um mit ihr in

Einklang zu leben, und spürt in der Zwiesprache mit Gott häufig einen Auftrag oder sieht einen neuen Weg, den er gehen muß. Seine Empfindsamkeit ist geschärft, die Gefühle offenbar; Leben und Tod liegen nicht in der eigenen, sondern in der höheren Regie.
Die religiöse Sensibilität, Gott wahrzunehmen, ist die Voraussetzung jeder Religion. Das jeweilige Glaubensbekenntnis zeigt Werte und Wege, wie der Mensch sowohl im Einklang mit Gott als auch mit der Gesellschaft leben kann.

13. Die Seele sehnt sich nach Gott

Ein lateinischer Spruch lautet: »Mens sana in corpore sano«, ein gesunder Geist in einem gesunden Körper. Daraus kann man ableiten, wenn wir den Körper pflegen und gesund erhalten, dann wird die Seele automatisch zufrieden sein. Das Judentum vertritt eine andere Philosophie. Die Pflege des Körpers reicht nicht zur Pflege der Seele aus, häufig müssen wir Hindernisse, die uns der Körper stellt, überwinden, damit die Seele zur Erlösung gelangt. Der Körper ist wichtig, und die Thora bezieht die körperlichen Bedürfnisse des Menschen in das Gesetz ein, aber wir bestehen auch aus Verstand und Seele. Auch die Pflege des Verstandes reicht nicht aus, um die Seele zu nähren, sie spürt eine Sehnsucht nach dem Göttlichen, weil sie ein Teil Gottes ist.

In einer Erzählung hat Rabbi Nachmann von Braslaw diesen Gedanken gleichnishaft dargestellt.

> Die Reise
>
> Einst lebte ein kluger, wohlhabender Mann, der nur einen einzigen Sohn hatte. Der Mann erzog seinen Sohn sorgfältig und verheiratete ihn. Der Sohn saß in der Lernstube und studierte die heiligen Bücher, wie es sich für die From-

men jener Zeit gehörte. Er gelangte in die Sphäre des »Kleinen Lichtes«. Nun geschah es, daß er plötzlich trotz des täglichen Lernens und Betens eine Leere in seinem Innern fühlte, die er nicht benennen und verstehen konnte. Die Freude am Lernen und Beten verflog, und die Traurigkeit zog in das Herz des Sohnes ein. Und als er sich nicht mehr zu helfen wußte, schüttete er sein Herz vor zwei Freunden aus, und sie rieten ihm, einen heiligen Mann, einen Zaddik, der in einer anderen Stadt lebte, aufzusuchen und sich ihm zu offenbaren.

Der Sohn ging zu seinem Vater und erzählte ihm von der Leere in seinem Herzen und bat um die Erlaubnis, den Zaddik aufzusuchen. Da antwortete der Vater: »Wie kommst du auf so eine Idee? Du bist gelehrter und wohlhabender als jener Mann, und es gehört sich nicht, daß du ihn aufsuchst.« So sprach er zu ihm, und der Sohn hörte auf die Worte des Vaters und fuhr nicht zu dem Zaddik.

Er kehrte zum Studium der heiligen Bücher zurück, aber die Traurigkeit verflog nicht und quälte ihn. Wieder besprach er sich mit seinen Freunden, und wieder rieten sie ihm, den Zaddik aufzusuchen. Und wieder bat der Sohn seinen Vater, ihm die Reise zu erlauben, und wieder redete der Vater ihm die Idee aus. So ging es einige Male, und der Sohn fühlte eine Sehnsucht, die Leere in seinem Innern auszufüllen, und wußte nicht wie.

Und wieder kam er zu seinem Vater, und der willigte endlich ein, aber er wollte seinen einzigen Sohn nicht allein reisen lassen. »Ich werde mit dir fahren«, sagte der Vater, »du wirst schon merken, daß der Zaddik, nach dem du so begehrst, ein ganz gewöhnlicher Mensch ist. Aber wisse, wenn die Reise glatt verläuft, dann ist es vom Himmel bestimmt, daß wir zu ihm gelangen, wenn unterwegs etwas passiert, dann ist es ein Zeichen, daß wir umkehren sollen.« So sprach der Vater, und der Sohn stimmte zu.

Vater und Sohn bestiegen eine Kutsche, und als sie an einen Fluß kamen, über den eine Brücke führte, fiel ein Pferd hin. Die Kutsche überschlug sich, und sie wären beinahe ertrunken. Da sagte der Vater: »Siehst du, diese Reise ist nicht vom Himmel bestimmt«, und sie kehrten heim. Der Sohn nahm das Studium der heiligen Bücher wieder auf, aber die Leere, von der er nicht wußte, was sie war, verflog nicht.

Wieder bedrängte er den Vater, und zum zweiten Mal ließ sich der Vater erweichen, aber er stellte wiederum die Bedingung, daß auf der Reise nichts passieren dürfe. Dieses Mal brach die Deichsel, und der Vater sprach: »Es ist ein Zeichen, daß wir nicht zu dem Mann gelangen sollen. Wie oft sind wir schon mit der Kutsche gefahren, und nie ist etwas passiert.« Und sie kehrten nach Hause zurück.

Der Sohn nahm seine Studien auf, aber die Leere im Herzen verflog nicht und quälte ihn. Wieder ging er zu seinem Vater, und dieses Mal bat er ihn: »Mache unsere Reise nicht von äußeren Umständen abhängig, ein Pferd kann hinfallen und eine Deichsel kann brechen. Nur wenn uns ein außergewöhnlicher Wink gegeben wird, kehren wir um.« Der Vater willigte ein, und sie traten die Reise an.

Nach einer Weile hielt die Kutsche vor einem Wirtshaus, und sie übernachteten dort. In dem Wirtshaus trafen sie einen anderen Reisenden und begannen, sich mit ihm über dieses und jenes zu unterhalten. Der Vater verriet nicht, daß sie auf dem Weg zu dem Zaddik waren, denn er schämte sich, dies einzugestehen. Im Laufe des Gesprächs kamen sie auf allerlei Heilige und weise Männer und ihre Wundertaten zu sprechen. Wie nebenbei fragte der Vater den Fremden, ob er etwas von jenem Zaddik gehört habe. »Aber ja«, antwortete der fremde Reisende, »ich komme gerade von ihm. Wisse, er ist ein ganz gewöhnlicher Schwindler.« Als der Vater dies hörte, sagte er zu seinem Sohn: »Hörst du, was jener Fremde erzählt, ich habe es dir gleich gesagt.« Sie kehrten nach Hause zurück, und der Sohn starb.

Im Traum erschien der Sohn seinem Vater und war sehr zornig. »Warum zürnst du, mein Sohn«, fragte der Vater. »Fahre zu jenem Zaddik, und er wird dir den Grund meines Zornes sagen«, antwortete der Sohn. Da erwachte der Vater vom Schlaf und sprach zu sich: »Ein Zufall ist dieser Traum.« Wieder träumte er den gleichen Traum und sagte: »Träume sind Schäume«, als er aber zum dritten Mal das gleiche träumte, machte er sich auf die Reise.

In jenem Wirtshaus traf er wieder den Fremden, der ihn und seinen Sohn von der Reise zum Weisen abgehalten hatte. Der Vater erkannte ihn und sprach: »Du bist doch jener, den wir getroffen haben.« »Sicher bin ich jener, den ihr getroffen habt, und mit deinem Starrsinn habe ich dich vernichtet.« »Was sagst du da?« wunderte sich der Vater. Da antwortete der Fremde: »Du erinnerst dich doch, als du zum ersten Mal zu dem Zaddik fuhrst, fiel das Pferd hin, beim zweiten Mal brach die Deichsel und beim dritten Mal mußte ich dich selber von der Weiterfahrt abhalten. Jetzt, wo ich deinen Sohn von dieser Welt genommen habe, kannst du den Weg fortsetzen. Dein Sohn war ein »Kleines Licht«, und der Zaddik ist ein »Großes Licht«, und wenn sie sich vereinigt hätten, wäre die Erlösung gekommen.« So sprach er und verschwand.

> Da fuhr der Vater zum Weisen und weinte: »Schade, schade, schade um die verlorene Gelegenheit, die nicht wiederkommen wird.«
> (Erschienen bei Lehawa, Schriften zum Kennenlernen des Chassidismus)

In diesem Gleichnis steht der Vater für den Körper, der Sohn für die Seele und der Zaddik für Gott, und der Weg zu Gott ist ein schwerer Weg, gepflastert mit vielerlei Hindernissen. Es reicht nicht, den Körper zu nähren und den Verstand zu pflegen, die Seele bleibt hungrig, sie spürt eine undefinierbare Leere, wenn sie an Gott nicht teilhat. Tausend Ausreden haben Körper und Verstand, warum sie sich dem Göttlichen nicht nähern, und sogar, wenn sie sich schon auf den Weg machen, hält der Todesengel sie von ihrem Weg ab. Rabbi Nachmann zeigt in seiner Geschichte: Wenn der Mensch die Reise, d. h. die Suche nach Gott nicht fortsetzt, sondern abbricht, dann stirbt seine Seele. Mag der Körper weiterleben, die Seele verkümmert und kann an der Erlösung nicht teilhaben.

14. Das Judentum ist eine Gesetzesreligion

Im Judentum hilft das religiöse Gesetz, sowohl im tätigen Handeln einen Weg zu finden, wie auch dieses intensive göttliche Gefühl, das das Leben mit Freude und Spannung ausfüllt, zu erhalten.

Ich bin mir bewußt, daß ich nur ein wenig den dunklen Schleier zu lüften vermag, der das Judentum vor den Augen des Unkundigen verhüllt. Nur über das nüchterne Wort kann ich den Leser ansprechen, aber ich kann ihn nicht an der erlebten Farbigkeit und den gefühlvollen Ritualen, die sich in den Gesängen und Gebeten ausdrücken, teilnehmen lassen.

Beginnen wir mit einem Gleichnis:

> Ein König lebt in seinem Palaste. Seine Untertanen leben zum einen Teil in der Stadt, zum anderen außerhalb der Stadt. Von denen, die in der Stadt sind, kehren manche dem Palaste den Rücken und richten ihr Gesicht auf einen anderen Weg, manche aber streben, zu dem Palaste zu gelangen, wollen dort den König aufsuchen und vor sein Angesicht treten, haben aber bis heute die Mauern des Hauses noch gar nicht erblickt. Einige von denen, die das Haus betreten wollen, haben es erreicht und gehen um es herum, um den

> Eingang zu finden. Mancher ist durchs Tor geschritten und wandelt nun in den Vorhöfen, mancher durfte das Innere des Hauses betreten, so daß er sich in einem Raume des Palastes mit dem König befindet. Doch seine bloße Anwesenheit im Inneren des Hauses reicht nicht hin, um den König sehen oder mit ihm sprechen zu dürfen, sondern, wenn er das Innere betreten hat, muß er andere Mühen auf sich nehmen, und dann wird er vor dem Könige stehen und ihn von der Ferne oder in der Nähe sehen oder das Wort des Königs hören oder mit ihm reden.[12]

Wenn der König Gott und der Palast das jüdische Gesetz ist, so war es nach jüdischer Auffassung nur den Propheten vergönnt, das Wort Gottes zu vernehmen, und nur Moses, ihn zu sehen, aber jeder kann den Weg zum Palast antreten und sich Gott zuwenden. Das jüdische Gesetz ist eine Hilfe auf dem Weg zur Erkenntnis.
Die Haltung eines gesetzestreuen Juden, der den Wert des Gesetzes in seiner Tiefe erkannt hat, spricht aus den Worten Jesus:

> Denkt nicht, ich sei gekommen, um das Gesetz oder die Propheten zu vernichten. Nicht um zu vernichten, bin ich gekommen, sondern um zu erfüllen. Denn wahrlich, ich sage euch: Eher würden Himmel und Erde vergehen, als daß auch nur ein kleinster Buchstabe oder ein einziges Teilchen eines Buchstabens vom Gesetz verginge und nicht alles geschähe (Matthäus 5:17–18).

Das Judentum ist eine Gesetzesreligion, die das tägliche Leben, vom Aufstehen bis zum Schlafengehen, von der Geburt bis zum Tod, regelt. Dieser Gesetzeskodex wird »Hala-

cha«, das bedeutet »das Gehen«, genannt. Die Haltung: »entweder man hält alle Zeremonialgesetze ein oder keines«, gibt es nicht. Alleine im Wort »Halacha« ist diese Vorstellung ausgeschlossen. Ich gehe auf dem Weg des Gesetzes und lerne neue Verhaltensweisen. Es existiert keine Institution, die jemanden zwingen kann, die religiösen Gesetze zu befolgen; aus dem Judentum kann man nicht ausgeschlossen werden. Jude ist, wer von einer jüdischen Mutter abstammt oder konvertiert ist. Es gibt keine mathematische Definition von Halb- oder Vierteljuden. Unter den Juden findet man Menschen, die kein einziges Zeremonialgesetz einhalten, und andere, die sklavisch genau jede kleinste Auslegung befolgen. Institutionen wie Kirche oder Papst sind unbekannt. Die Aufgabe der Rabbiner ist die Deutung und Auslegung der Schrift, sie sind keine Stellvertreter Gottes auf Erden. Ob man ihren Rat annimmt oder nicht, bleibt letzten Endes jedem einzelnen überlassen. Der gläubige Jude hat ein individuelles, intensives Verhältnis zu Gott, nur Ihm ist er Rechenschaft schuldig.
Der Unkundige, der sich den religiösen Gesetzen des Judentums zuwendet, sei es aufgrund eines mystischen Erlebnisses oder aus Gründen der Vernunft, beginnt mit kleinen Schritten die »Halacha« zu befolgen.

> Ein König hatte in seinem Garten einen unermeßlichen Graben, der so tief hinabging, daß das Auge nicht auf den Grund reichte. Eines Tages mietete er viele Arbeiter, daß sie Erde aufhäufen und ihn ausfüllen sollten. Einige von ihnen gingen zum Graben hin, und als sie dessen maßlose Tiefe bemerkten, sprachen sie in törichter Weise also: »Wie ist es möglich, diesen Graben auszufüllen?« und zogen sich von der Arbeit zurück. Die anderen Vernünftigen sagten:

> »Was macht es uns, daß er tief ist? Wir sind für den Tag bezahlt, glücklich Arbeit zu haben, tun wir unsere Schuldigkeit, und wir werden ihn ausfüllen, wann und soviel wir können.« So sage der Mensch nicht: O wie unermeßlich ist das göttliche Gesetz! Es ist tiefer als das Meer. Wie viele Vorschriften! Wie es ganz ausüben? Gott spricht zu den Menschen: Du bist auf den Tag bezahlt, tue die Arbeit, die du kannst, und denke nicht an andere.[13]

Das soll die Einstellung zum religiösen Gesetz sein. Es ist ein stetiges Wandern, ein dynamischer Prozeß.
Erich Fromm erläutert:

> Das Gesetz will die Möglichkeit schaffen, zum Ziel zu kommen, doch ist es nicht selbst das Ziel. Es ist, wie das Wort ›Halacha‹ (von haloch – gehen) besagt, ein Weg.[14]

Dem Befolgen des Gesetzes geht das Wissen um das Gesetz voraus, so wie Rabbi Mosche ben Maimon sagte: Das Lernen führt zur Tat.

15. Die prophetische Verheissung

Das Alte Testament heißt im Hebräischen »Tenach«. Tenach ist eine Zusammensetzung aus den Anfangsbuchstaben der Worte Thora, Newiim und Chetubim und aus den Vokalen »a« und »e«, die im Hebräischen keine eigenständigen Buchstaben sind, sondern lediglich Verbindungen der Konsonanten. Die Thora umfaßt die fünf Bücher Moses, Newiim sind die Prophetenbücher, und Chetubim beinhaltet die Schriften wie z. B. das Buch Ruth oder das Buch Hiob. Im folgenden werde ich den Begriff »Altes Testament« nicht benutzen, denn im Judentum gibt es kein Altes und kein Neues Testament. Altes Testament, im christlichen Sinne gebraucht, hat die Bedeutung von veraltetem Testament, veralteter Bund, während nach jüdischer Auffassung Gott Seinen Bund mit dem Volk Israel nicht aufgekündigt hat.

Der Tenach ist mit der hebräischen Sprache aufs engste verknüpft. In seiner Tiefe ist er nur in Hebräisch verständlich; bei jeder Übersetzung sind die Assoziationen und die eigentliche Bedeutung der Worte entweder gar nicht oder nur ungenau nachvollziehbar. Der Tenach hat einen außerordentlichen Stellenwert für die israelische Kultur. Eine ungesprochene, nur in der Liturgie benutzte Sprache wurde in

Israel wieder ins Leben gerufen und zur Alltagssprache erhoben. Ein durchschnittlich gebildeter israelischer Jugendlicher kann Texte aus dem Tenach ohne Schwierigkeiten lesen und mühelos verstehen. Tenach ist Hauptfach in den Schulen, und bei jeder Abiturprüfung müssen Kenntnisse in Tenach nachgewiesen werden. Dies gilt keineswegs nur für Lehranstalten mit religiösem Charakter, sondern für das israelische Schulsystem allgemein.
In der 2. Klasse, wenn das Schulkind schon lesen kann, erhält es in einer Feierstunde in Anwesenheit der Eltern seinen ersten Tenach. Der Lehrer verteilt Süßigkeiten an die Kinder, um symbolisch das Lernen der Heiligen Schrift schmackhaft zu machen. Bei der Vereidigung während des Militärdienstes erhält jeder junge Mensch den Tenach zum zweiten Mal. Zusammen mit dem Gewehr wird ihm das Buch überreicht. Mit dem Gewehr soll er das Land schützen, und der Tenach weist ihn auf seine Wurzeln und auf die Verbundenheit des Volkes Israel mit dem Land Israel hin. Der Tenach soll den Soldaten auf die moralischen und ethischen Werte aufmerksam machen, denen er unterliegt.
Der Tenach hat das Volk Israel erhalten, und er war es auch, der es in das Heilige Land zurückgeführt hat. Niemals hat Israel an Gottes Verheißung gezweifelt und auch in den Zeiten der bittersten Verfolgungen an die Rückkehr aus der Diaspora geglaubt. Im 126. Psalm steht:

> Wenn der Herr die Gefangenen Zions zurückführen wird, so werden wir wie Träumende sein. Dann wird sich unser Mund mit Lachen füllen und unsere Zunge mit Jubel. Dann werden die Völker sagen, Gott hat Großes an ihnen getan (Psalter 126:1–2).

Dieser Psalm ist eingebettet in das feiertägliche Tischgebet, das nach dem Essen gesprochen wird und über die Jahrtausende hinweg von den jüdischen Gläubigen an jedem Schabbat und Feiertag wiederholt wurde.
Wenn ich durch die Straßen Jerusalems gehe, dann spaziere ich nicht nur durch irgendeine Stadt, sondern empfinde die Erfüllung einer Prophezeiung, eines gegebenen Versprechens an Israel. Von den Worten der Propheten zu meinem Leben windet sich ein unsichtbares Band.

> Denn ich will das Gefängnis meines Volkes Israel wenden, daß sie die wüsten Städte bauen und bewohnen sollen, Weinberge pflanzen und Wein davon trinken, Gärten machen und Früchte daraus essen. Denn ich will sie in ihr Land pflanzen, daß sie nicht mehr aus ihrem Lande ausgerottet werden, das ich ihnen gegeben habe, spricht der Herr Dein Gott (Amos 9:14–15).

Meine Mutter war noch im Gefängnis, eingekerkert in KZ-Baracken, meine Großeltern waren Pogromen ausgesetzt, meine Ahnen unterlagen der Willkür der jeweiligen Herrscher. Mitten in wüstester Verfolgung und übelster Hetze hat Generation um Generation die festgeschriebenen Worte der Propheten weitergegeben, und wie ein lichtes Morgenrot leuchtete ihnen die Prophezeiung in ihrem Elend – und gleichzeitig war sie so fern.
Wenn ich in Jerusalem meinen Garten bepflanze, die Blumen gieße, mich gegen Abend unter meinen Weinstock setze und die Sätze des Propheten Amos lese, fühle ich, daß sich seine Worte an mir erfüllt haben. Nur in Israel kann ich mit diesem hehren Gefühl Pflänzchen in die Erde stekken und ich begreife, daß Israel für das jüdische Volk nicht nur Heimaterde, sondern Heilige Erde ist.

16. Die Thora als Grundlage des jüdischen Gesetzes

Thora werden die ersten fünf Bücher des Tenachs genannt, die fünf Bücher Moses. Nach jüdischem Glauben ist die Thora Gottes Wort, das von Moses aufgeschrieben und den Kindern Israels verkündet wurde. Darum nennt man das Judentum auch die mosaische Religion. Die Thora ist interpretier- und deutbar; sie darf jedoch nicht verändert werden. Kein Zeichen, kein Jot, also nicht der kleinste Buchstabe des hebräischen Alphabets darf hinzugefügt oder weggelassen werden. Von Generation zu Generation werden die Worte unverändert weitergegeben.

Die Autorität der Thora steht im Judentum über jeder menschlichen Herrschaft, und wer die Thora außer Kraft setzt, setzt das Judentum außer Kraft. In ihr ist die Geschichte von der Volkswerdung des Volkes Israel, beginnend bei der Schöpfungsgeschichte bis zum Tod Moses in der Wüste, enthalten. Das Herzstück sind die Zehn Gebote, die Grundlage des jüdischen Gesetzes. Die kultischen, moralischen und juristischen Vorschriften des Judentums sind in der Thora festgehalten. Insgesamt werden 613 Ge- und Verbote erwähnt.

Die Thora ist auf einer Pergamentrolle handschriftlich niedergelegt und darf nicht gedruckt werden. Das Pergament wird auf zwei Stäbe gerollt, die oben und unten eine Querscheibe tragen, damit sich beim Rollen das Pergament nicht verschiebt. Geschmückt wird sie mit einem bestickten Thoramantel und silbernen Kronen. Ihr Aufbewahrungsort, der Thoraschrein, ist das Zentrum der Synagoge. Bei einem Brand in der Synagoge wird vor allen anderen kultischen Gegenständen die Thora gerettet; auf ihre Verbrennung oder Vernichtung gibt es Klagelieder, bei ihrer Entweihung finden Trauerfeiern statt; ist sie unbrauchbar geworden, so wird sie feierlich bestattet.[15]

Für den gläubigen Juden ist die Thora die geistige Nahrung, die er zum Leben benötigt. Der Rabbiner im »Or Sameach« erzählte folgendes Gleichnis: »Ein Bauer heiratete eine Prinzessin und nahm sie in seine Hütte mit. Aber wie sehr er sich auch um sie bemühte, das Haus verschönerte, die herrlichsten Früchte des Feldes anschleppte, die besten Tiere für sie schlachtete und ihr das wohlschmeckendste Essen vorsetzte, nichts von alledem rührte sie an, und hungrig verkümmerte die Prinzessin vor dem gedeckten Tisch. Unser Körper ist der Bauer, und unsere Seele ist die Prinzessin«, erklärte er das Gleichnis, »sie bedürfen verschiedener Nahrung. Wehe, wer nur den Leib befriedigt, seine Seele wird verhungern. Thora ist das Brot für die Seele.«

Eine neu geschriebene Thora wird unter einem Baldachin in einer feierlichen Prozession in die Synagoge geleitet und wie eine Braut dem Bräutigam, dem Thoraschrein, zugeführt. Dem Menschenzug gehen kleine Jungen mit Fackeln voran, Klesmermusiker sorgen für fröhliche Stimmung; Lieder und Tänze begleiten die Thorarolle in die Synagoge.

Im Mittelpunkt des Schabbatgottesdienstes steht das Vorlesen eines Thoraabschnitts. Die Thora ist in 54 Abschnitte eingeteilt und wird in einem Zyklus von einem Jahr vom Anfang bis zum Ende vorgelesen.

Der Tag, an dem der letzte Abschnitt und gleich danach wieder der erste vorgelesen wird, ist ein Feiertag und wird »Tag der Gesetzesfreude« genannt. Wer an diesem Tag durch Jerusalems Straßen spaziert, hört aus den vielen Synagogen ausgelassene und jauchzende Gesänge. Die Männer halten die Thorarollen in ihren Armen und tanzen mit ihnen im Kreis, nicht angemessen und verhalten, sondern hüpfend und jubelnd wiegen sie diesen ideellen Schatz und reichen ihn von Hand zu Hand und Generation zu Generation weiter.
Den Sinn der Thora erklärt Raw Simcha Cohen in folgendem Gleichnis:

> Die Frau eines Gelehrten brachte eines Tages ein elektrisches Gerät nach Hause, an dem ein Zettel angeheftet war.
> »Wozu dient dieser Zettel?« fragte der Gelehrte.
> »Das ist eine Gebrauchsanweisung für die Maschine«, antwortete die Frau.
> Da sagte der Gelehrte: »Wie dumm sind die Menschen. Jeder versteht, daß man, um ein so einfaches Gerät zu benutzen, eine genaue Anweisung braucht, und der Mensch, dessen Leben so vielfältig und kompliziert ist, meint, er könne sich alleine ausdenken, wie er handeln soll, und könne auf Gott verzichten, der ihm sagt, was er tun soll.«[16]

Die Thora ist eine Anweisung, in der Gott dem Menschen sagt, wie er sich verhalten soll. Mögen die Umstände sich wandeln und die Welt sich verändern, die Thora bleibt der geistige Ruhepunkt im Leben des gläubigen Juden. Ihre ehernen Gesetze schützen ihn und weisen ihm einen Weg im verwirrenden Alltag.

17. Du sollst keine anderen Götter haben

Täglich wird im jüdischen Gottesdienst das Gebet »Höre Israel, der Ewige, unser Gott, der Ewige ist einzig!« gesprochen.

> Dieses Gebet ist kein Gebet im gewöhnlichen Sinne des Wortes, doch seit Jahrtausenden ist es ein integraler Bestandteil des Gottesdienstes. Dieses Gebet ist ein Glaubensbekenntnis, ein Schwur auf das Bündnis mit dem einzigen Gott und eine Bejahung des Judentums. Es ist das erste Gebet, das ein jüdisches Kind lernt. Es ist auch zu allen Zeiten das letzte Wort aus dem Munde eines jüdischen Märtyrers.[17]

Einzig und unteilbar ist Gott im Judentum, und Sein Gesetz ist für den religiösen Juden heilig. Die Märtyrer, die den Tod gewählt und ihre Knie nicht vor anderen Göttern gebeugt haben, prägten die jüdische Geschichte. Sie starben für »Kiddusch Haschem«, für die Heiligung Seines Namens. Ihre Liebe zu Gott und zu Seiner Lehre war größer als die Angst vor dem Tod. Diese unbeugsamen Charaktere, in denen die Flamme des Glaubens brannte, die Leid und Tod im Vergleich zur Verletzung des göttlichen Gebotes gering achteten, haben über die Jahrtausende hinweg die Phantasie jüdischer Poeten beflügelt und den Geist des jüdischen Volkes gestärkt.

Jedes Jahr, anläßlich des Chanukkafests, wird die Geschichte von Hanna und ihren sieben Söhnen erzählt. Als die Griechen im 2. Jahrhundert vor Christus das Volk Israel unterjochten, den Tempel mit hellenistischen Götzenbildern verunreinigten und die Juden zwangen, ihr Gesetz zu übertreten,

> wurden sieben Brüder samt ihrer Mutter gefangen und mit Geißeln und Riemen geschlagen und vom König bedrängt, sie sollten Schweinefleisch essen, was ihnen im Gesetz verboten war (2. Makkabäer 7:1).

So beginnt die Erzählung im 2. Makkabäerbuch. Trotz fürchterlicher Geißelungen schmähten die Söhne den griechischen Tyrannen Antiochus und weigerten sich, ihre Knie vor den Standbildern der Griechen zu beugen. Einer nach dem anderen wurde hingerichtet, bis der letzte Sohn übrigblieb. Diesen versuchte Antiochus durch List und gute Worte vom Gesetz abzubringen,

> verhieß ihm sogar mit einem Eide, wenn er sich von den Gesetzen seiner Väter lossagen würde, so wollte er ihn reich und glücklich machen, ihn unter seine Freunde aufnehmen und ihm Ämter anvertrauen.
>
> Als der Jüngling sich aber nicht bereden lassen wollte, ließ der König die Mutter vor sich kommen und ermahnte sie, sie sollte den Sohn doch zu seinem Besten beraten.
>
> Als er sie mit vielen Worten ermahnt hatte, nahm sie es auf sich, ihren Sohn zu überreden.

> Aber sie spottete nur über den rohen Tyrannen. Denn sie neigte sich zu ihrem Sohn und redete in ihrer Sprache mit ihm und sagte:
> Mein lieber Sohn, den ich neun Monate unter meinem Herzen getragen und drei Jahre gestillt und großgezogen und bis zu diesem Alter geleitet und gepflegt habe, erbarme dich doch über mich: Ich bitte dich, mein Kind, sieh Himmel und Erde an und alles, was darin ist, und bedenke: dies hat Gott alles aus Nichts gemacht, und wir Menschen sind auch so gemacht.
> Darum fürchte dich nicht vor diesem Henker, sondern nimm den Tod auf dich wie deine Brüder, damit dich Gott zur Zeit des Erbarmens samt deinen Brüdern mir wiedergebe (2. Makkabäer 7:24-29).

Sowohl der letzte Sohn als auch die Mutter wurden in den Tod geschickt. Diese unbeugsamen Charaktere erhielten das Gesetz über Jahrtausende hinweg am Leben und machten die Thora zu einer sprudelnden geistigen Quelle.
Viele Unterdrücker Israels haben versucht, die Thora zu verbrennen, aber sie ist unzerstörbar. Im 2. Jahrhundert nach Christus verbot der römische Kaiser Hadrian das Studium der Thora, und aus jener Zeit ist folgende Episode überliefert:

> Die Römer hatten Chanania ben Tradion, weil er öffentlich die Lehren der Thora verbreitet hatte, zum Tod auf dem Scheiterhaufen verurteilt. Sie wickelten ihn in die heiligen Rollen und steckten sie in Brand. Seine Schüler, die dabeistanden, fragten ihn: »Meister, was siehst du?« Er antwortete: »Ich sehe, wie das Pergament verbrennt, aber die Buchstaben sehe ich durch die Luft schweben.«[18]

Die Jahrhunderte lösten einander ab, die Despoten wechselten, ihr Glaubensbekenntnis änderte sich, aber der Wunsch, Israel von der Thora zu entfernen, blieb.

Rabbi Amnon war Schatzmeister am Hof des Kurfürsten von Worms. Er war weise und gelehrt und freigiebig; durch die edle Anmut seines Wesens und seine stolze Bescheidenheit gewann er alle Herzen, und oftmals sprach der Fürst und seine Herren zu ihm: »Amnon, es ist jammerschade, daß du kein Christ bist. Schwöre deinem Irrglauben ab, so wollen wir dich ehren wie unsereinen.« Rabbi Amnon aber antwortete: »Ein Jude bin ich, und als Jude will ich sterben. Mein Herz ist in Liebe geheftet an Gottes Lehre und kann nicht davon lassen.« Als sie aber nicht abließen zu mahnen alle Tage, wurde seine Seele ihres Drängens müde, und er antwortete: »Laßt mir drei Tage Zeit, daß ich die Sache bedenke.«
Aber schon wie er von ihnen ging, reute ihn das Wort, das er geredet hatte, und er sprach in seinem Herzen: »Ist's nicht schon wie ein Zweifel, daß ich sprach: gebt mir drei Tage Zeit, die Sache zu bedenken, denn mein Herz denkt nicht daran, untreu zu werden, und meine Zunge lügt.« Und als er heim kam, fand er keinen Blick für Weib und Kinder, denn das Wort, das er unbedacht gesprochen hatte, schwoll zu einem Strom und schwemmte seine Seele hinweg aus Gottes Nähe. Da wurde ihm alles Irdische dunkel und nichtig, da sein inneres Licht verloren war, er schloß sich in sein Zimmer und nahm nicht Speise noch Trank, und seine Seele rang im Gebet um Gott, aber sein Schreien wurde nicht erhört.
Als der dritte Tag vergangen war und Rabbi Amnon nicht am Hof erschien, da sprach der Kurfürst zu seinen Herren:

»Wo bleibt Amnon und was säumt er so lange? Auf, geht hin und holt ihn, denn allzu lang schon bedenkt er, was nicht zu bedenken ist. Heut noch will ich ihn am Taufstein sehn«.

Die Boten gingen und holten Rabbi Amnon aus seinem Haus, und er kam mit bleichem Angesicht und zerrauftem Haar, und das schöne Gleichmaß seines Wesens war verloren. Da er nun des Kurfürsten Zorn sah, dünkte der ihn leicht neben Gottes Zorn, und er schrie – denn sein Sprechen war ein Schreien geworden, da seine Seele in ihm unaufhörlich schrie nach Gott –: »Ich habe gesündigt, daß ich sprach: Ich will's bedenken – und mein Herz dachte nicht daran! So laßt nun Euern Zorn an mir aus und reißt mir die verfluchte Zunge aus dem Mund, denn mit ihr habe ich gefrevelt gegen Gott und sein Gesetz. Vielleicht dann erbarmt er sich wieder mein.«

Da antwortete der Kurfürst: »Nicht deine Zunge hat gesündigt, sie sprach das Rechte, sondern deine Beine haben gesündigt, daß sie nicht zu mir kamen am dritten Tag.«

Und in seinem Zorn befahl er, ihm die Beine abzuhauen, und es geschah, und sie brachten ihn schwer verstümmelt in sein Haus.

Nach drei Tagen war das Neujahrsfest, da bat Rabbi Amnon, daß man ihn in die Synagoge trage; und sie brachten ihn dahin und stellten sein Lager vor die heilige Lade. Sein Gesicht war verstört von Leiden, denn Gott hatte sein Gebet nicht angehört all die Tage, und alles Volk beklagte das Unglück seines Sturzes. Und er lag, und sein Herz zitterte in Flehen und Angst und Liebe unter allen Schmerzen seines Leibes, und der Schauer des Gerichtstages kam über ihn und der Schauer seines nahenden Todes. Da wurde alles Leben vor ihm nichtig, alles Hasten und Drängen, alles

Geschehen und Schicksal, und übermächtig stand Gott als einzige Wirklichkeit und einziges Geschehen vor seinem erbebenden Menschengeist. Da zwang ihn das Verlangen, noch einmal Zeugnis abzulegen von ihm, der ihn in der letzten Not verlassen hatte, und als der Vorbeter sich rüstete zur großen Heiligung im Mussafgebet, da bat Rabbi Amnon, sie möchten ihm Raum geben, daß er bete. Der Vorbeter trat vor ihm zurück, und alles Volk wurde still, und Rabbi Amnon richtete sich auf von seinem Lager und betete, und er sprach in gewaltigem Ernst, da er seine Seele schon im Gericht fühlte. Da verblich ihm sein Leben und sein Wesen, all seine reichen Lebensjahre mit Glück und Ehren zogen an ihm vorbei wie vergehende Schatten, verschwindende Wolken, verwehender Wind und verfliegender Traum, und von allem blieb allein der lebendige und ewige Gott, den er zum letztenmal pries.

Als aber seine Stimme sich erschöpfte und er abbrach, da erhob der Vorbeter seine Stimme, und die Gemeinde fiel ein mit dreimal Heilig, daß die Klänge sich hoben zur Decke und den Raum erfüllten mit ihrer Gewalt. Rabbi Amnon aber sank zurück auf das Lager, die Stimmen der Betenden rauschten fern über ihn hin, und Gottes Gegenwart kehrte ihm wieder, und seine Heiligkeit umstrahlte ihn.

Und als die Gemeinde das Gebet beendet hatte und sie zu ihm traten, da sahen sie, daß seine Seele aus dem gemarterten Leib entflohen war, und sein Mund lächelte wie in unsagbarem Glück.«[19]

Wann immer die Feinde Israels die Juden angriffen, schändeten sie die Thora. In der Reichskristallnacht wurden nicht nur die steinernen Synagogengebäude angezündet, sondern vor allen Dingen die Thorarollen verbrannt. Die Häscher fühlten, daß das Geheimnis Israels in der Lehre verborgen lag, und wollten mit dem Vernichten der Pergamentrollen den Geist Israels auslöschen. Wo die Thora brennt, wird der Scheiterhaufen für das Volk Israel aufgeschichtet.

> Ihre Kultgegenstände wie Thoravorhänge, Thorarollen, Thoramäntelchen, Leuchter und Gebetsbücher mußten die Juden auf den Wagen laden. Unter lautem Gebrüll der Nazis wurden die Gegenstände auf den damaligen Sportplatz gefahren, dort aufgeschichtet und angezündet. Mit angstverzerrten Gesichtern sahen die Juden ihr Heiligstes verbrennen.[20]

Dies geschah am 10. Nov. 1938 in Freudental und an zahllosen Orten in Deutschland.
Wie ähnlich sich doch die Geschichten der jüdischen Märtyrer sind, obwohl Jahrtausende dazwischen liegen, Kulturen sich gewandelt, Religionen neu entstanden, mächtige Reiche sich aufgelöst haben und der technische Fortschritt das Gesicht der Menschheit völlig verändert hat. Aus der Zeit, als die Deutschen in Polen eingefallen waren und die Juden systematisch umzubringen begannen, ist folgende Zeugenaussage überliefert:

> Widawa war ein kleines Städtchen in der Nähe von Lodz mit Häusern, deren Dächer meistens mit Stroh bedeckt waren. Es war ein Städtchen, das abseits lag. Der Rabbi der Stadt, Abraham Mordechai Maroko, brachte neuen Geist in die Stadt, schuf soziale Institutionen, gründete eine Talmud-Thora-Schule und eine kleine Jeschiwah. In Widawa

machte sich ein neuer Geist breit, und der Rabbi war unermüdlich in seinem Tun, und die ganze Stadt liebte und ehrte ihn, und alle waren auf ihn stolz.
Als der furchtbare Krieg ausbrach, flüchteten die meisten Einwohner des Städtchens, besonders die Juden. Regierungsstellen hatten verlautbart, jenseits des Flusses Warta seien die polnischen Stellungen; wer dorthin gelange, wäre in Sicherheit. In dem Städtchen blieben nur die Kranken, Alten und vom Schicksal Geschlagenen, die sich nicht helfen konnten. Der Rabbi beschloß, bei seiner dezimierten hilflosen Gemeinde zu bleiben.
Seine junge Frau bat ihn: »Abraham Mordechai, flüchte wie alle Juden, dein Leben ist in Gefahr!«
Aber der Rabbi blieb bei seinem Entschluß: »Wer wird sich um die Alten und Kranken kümmern? Nein, ich kann sie nicht verlassen.« Der junge Rabbi bewies Mut und Entschlossenheit, und trotz der Not, die die Kriegswirren hervorgebracht hatte, sorgte er für die Bedürftigen.
Bis jener furchtbare Tag kam. Der Rabbi hatte sich in sein Zimmer zurückgezogen und war in seine Studien vertieft, als sich plötzlich die schreiende Stimme der Nazis verbreitete:
»Wo wohnt der Judenrabbiner?«
Die Häscher brachen in das Haus ein, fanden den Rabbi, schlugen ihn, rissen an seinen Schläfenlocken, bis das Blut aus der Schläfe rann, und dann entdeckte einer den kleinen Thoraschrein, der im Zimmer stand. Daraus entnahm er die Thorarolle. Für einen Moment wendeten die Mörder ihre Aufmerksamkeit vom Rabbi ab und betrachteten den »verdächtigen Gegenstand«, den sie gefunden hatten und forderten den Rabbi auf, ihnen zu erklären, was dies sei. Der Rabbi, der gut Deutsch sprach, erklärte ihnen, was

eine Thorarolle ist und wozu sie den Juden dient. Einer der Nazischergen kam auf eine Idee und sagte: »Wir werden ein öffentliches Schauspiel veranstalten und werden der ganzen Stadt zeigen, wie der Rabbi die Thorarolle anzündet.«

Mit Prügel und Schlägen trieben die Mörder den Rabbi aus dem Haus, der in seinen Händen die Thorarolle hielt. Sie brachten ihn zum Marktplatz und trieben die Einwohner zusammen, damit sie dem Schauspiel beiwohnten. Bleich stand der Rabbi dort, und lautlos murmelte er seine letzten Gebete. Danach trat einer der Häscher auf den Rabbi zu, entriß ihm die Thorarolle, schüttete Benzin auf sie und befahl dem Rabbi:

»Zünde sie an, ansonsten stirbst du hier wie ein Hund.«

Mit aller Kraft schrie der Rabbi: »Nein, nein, niemals.«

Da nahm einer der Nazis einen Kanister Benzin, schüttete den Inhalt über den Rabbi und zündete ihn zusammen mit der Thorarolle an. Eine große Flamme schoß zum Himmel, die Deutschen und Polen, die dem Schauspiel zusahen, jubelten, die wenigen Juden, die verzweifelt dabeistanden, wurden mit Schlägen traktiert. Noch im Tode umfaßte der Rabbi die Thorarolle, küßte sie und rief mit letzter Kraft:

»Höre Israel, der Ewige ist unser Gott, der Ewige ist einzig. Er ist einzig und neben ihm gibt es niemanden!«

Die Stimme vermischte sich mit dem Knistern der Flammen und dem wilden Geschrei der Menge, bis nur verkohlte Reste des Körpers und der Thora übrigblieben. Der Heilige und das Heilige verbrannten zusammen. So heiligte der Rabbi von Widawa den Namen des Herrn, und mit den Flammen flog seine Seele zum Himmel.[21]

Die Kultur des reichen Ägyptens mit seinen mächtigen Pharaonen, denen die Kinder Israels Frondienste leisteten, ist zerflossen. Vom gewaltigen Babylon, dessen Herrscher Nebukadnezar den ersten Tempel zerstörte, findet man nur noch archäologische Spuren. Von den hellenistischen Göttern und dem ausgedehnten Römischen Reich, das den zweiten Tempel zerstört und das Volk Israel in die Verbannung verjagt hatte, sind nur noch einige Skulpturen und Schriften vorhanden, aber die von Moses verkündeten Worte sind lebendig geblieben. Wie vor Jahrtausenden gedenkt Israel am Pessachfest des Auszugs aus Ägypten, errichtet an Sukkot eine Laubhütte zur Erinnerung an die vierzigjährige Wanderung durch die Wüste, erinnert am Wochenfest an die Übergabe der Thora an das Volk am Berge Sinai und feiert den Schabbat, so wie Gott es in den Zehn Geboten fordert. In dieser Kontinuität liegt eine gewaltige Kraft. Kein Schwert und kein Feuer, kein Pamphlet und keine Verleumdung konnten die Thora aus der Welt schaffen, und genauso wie vor Jahrtausenden wird auch in unseren Tagen die Lehre Israels in zahllosen Schulen und Synagogen weitergegeben.
Man darf nicht annehmen, daß die Verfechter der reinen Lehre die Mehrzahl des jüdischen Volkes ausmachen. Zu allen Zeiten fielen die Juden unter dem Druck der herrschenden Mächte von ihrem Glauben ab. An vielen Stellen zeugt die Bibel davon, daß Israel sein Ohr fremden Göttern zuneigte, aber stets gab es die Kämpfer für den absoluten monotheistischen Glauben; an ihrer Spitze die Propheten, die das erste Gebot, »Du sollst keine anderen Götter haben neben mir«, auf ihre Fahnen geschrieben haben. Als die spanische Kirche im Mittelalter die Juden vor die Wahl stellte, sich entweder taufen zu lassen oder ausgewiesen zu

werden, haben Tausende das ungewisse Leben in der Fremde der Taufe vorgezogen. Aber Tausende haben sich auch taufen lassen, Zwangstaufen, von der Inquisition angeordnet. Zahllos sind die Taufen von Juden im 19. Jahrhundert, weil sie damit, wie Heine es ausdrückte, »das Entreebillet zur europäischen Gesellschaft« erwarben. Sie beugten ihr Haupt vor dem Götzen des Nutzens und des Vorteils.

Lebendig ist aber die Flamme des unbeugsamen Glaubens geblieben, der Israel über die Jahrtausende hinweg erhalten hat. Und heute, wie zu allen Zeiten, seit das Volk Israel die Zehn Gebote vernommen hat, gibt es Juden, die eher bereit sind, ihr Leben herzugeben, als das Gebot »Du sollst keine anderen Götter haben neben mir« zu übertreten.

18. Im Judentum kann es keinen Gottessohn geben

Die Thora beginnt mit den Worten: »Bereschit bara Elohim – Am Anfang schuf Gott«. Zwischen dem hebräischen Wort »bara« und der deutschen Übersetzung »schaffen« besteht ein fundamentaler Unterschied. Die Tätigkeit »bara« kann nur Gott ausführen, während wir in der deutschen Sprache das Wort »schaffen« für menschliches Tun einsetzen können. Das hebräische Wort »bara« ist das göttliche Schöpfen aus dem Nichts. Für das menschliche Schaffen werden andere Worte benutzt. In der deutschen Sprache können wir einen Künstler oder einen Wissenschaftler Schöpfer nennen, im Hebräischen ist es unmöglich, den Begriff Schöpfer, »Bore«, einem menschlichen Wesen zuzuordnen.

Hier geht es nicht um Wortklauberei, sondern um Inhalte. Gott im Judentum ist einzigartig, unendlich, unbegrenzt, nicht faßbar, allgegenwärtig. »Du sollst Dir kein Bild machen«, heißt es im zweiten Gebot. Gott ist weder weiblich noch männlich, weder dick noch dünn, weder hell noch dunkel; wir können Ihm keine Form zuordnen. Wir können Ihn mit unseren Sinnen nicht erfassen, und doch ist Er gegenwärtig und fühlbar. Wer diese Gottesvorstellung internalisiert hat, wer gelernt hat, sich kein Bild von Gott zu machen, aber Seine Gegenwart fühlt, der kann Gott in keine Schablone pressen und Ihm keine Gestalt zuordnen. Gott ist kein Mensch, und darum kann es im Judentum keinen Gottessohn geben.

»Das Christentum ist die Offenbarungsreligion des in einer geschichtlichen Persönlichkeit menschliche Gestalt annehmenden Gottes.«[22] Der Glaube an Jesus als Gottessohn oder als die Offenbarung Gottes in menschlicher Gestalt ist der erste Bruch des Christentums mit seinen jüdischen Wurzeln.

Der jüdische Gelehrte Professor Klausner, der eingehend den Tenach und das Neue Testament verglichen hat, bemerkt:

> Die welthistorische Bedeutung Jesu und seiner Lehre kann kein Jude leugnen. Und in der Tat haben weder Maimonides noch Jehuda Helevi dieses Moment außer acht gelassen.[23]

Jesus könnte für das jüdische Volk ein Lehrer hoher Sittlichkeit und ein Gleichnisredner ersten Ranges sein, wie Klausner schreibt.[24] Leider ist seine Person für Juden mit Blut und Leiden, mit Elend und Angst verbunden, denn in seinem Namen wurde das jüdische Volk durch die Jahrhunderte verbrannt, gerädert, gehängt, gevierteilt. Die Inquisition, die Ritualmordverleumdungen, die Pogrome sind in Israels Geschichtsgedächtnis lebendig geblieben.

Jesus als Lehrer, Jesus als Künder, Jesus als Vorbild, Jesus als Bruder, wie ihn der jüdische Theologe Ben-Chorin nennt, wäre für die jüdische Denkweise noch akzeptabel, aber Jesus als Gottessohn ist blasphemisch und undenkbar, denn damit wird Gott Gestalt gegeben; das Unendliche und Ewige wird in eine Form gepreßt. Und doch kann kei-

ner leugnen, daß durch Jesus und seine Jünger die Erkenntnis des ewigen Gottes in die antike Welt Eingang fand.
In der griechischen und römischen Gedankenwelt hatten die Götter Gestalten. Sie waren männlich oder weiblich, schön oder stark; sie konnten ihr Aussehen verändern und sich mit dem Menschengeschlecht paaren. Die Zeugung zwischen Göttern und Menschen war in der antiken Mythologie tief verwurzelt.

> In der polytheistischen Mythologie ist ja Gott oftmals ein Mensch, der Gott geworden ist, oder ein Gott, der Mensch wird. Der Gott Apollo, der Sohn des Zeus, wurde Mensch (Sklave des Admetos), um dadurch einen begangenen Mord zu sühnen. Nachdem er ein Jahr lang Sklavendienste geleistet hatte, stieg er zum Himmel empor und blieb seither dem Throne des Zeus nahe. Hinwiederum ist Herakles, der Sohn des Zeus und der Königstochter Alkmene, der Frieden und Ruhe der Welt brachte, ein Mensch, der zum Lohn für seine großen und edlen Taten ein Gott wurde.[25]

Die antike heidnische Welt konnte die Vorstellung, daß Jesus ein leiblicher Sohn Gottes war, hervorgegangen aus dem Leib einer Frau, akzeptieren. Die Verbindung zwischen Gott und Mensch war ein Bestandteil der damaligen abendländischen Denkweise, während sie im Judentum gedanklich nicht nachvollziehbar ist. Genauso wie der Christ heute an die Vielgötterei der Antike nicht glauben kann, sondern dieses Glaubensmodell nur noch als Aber- oder Irrglauben, im besten Fall als Märchen und Mythos wahrnehmen kann, so ist dem Juden die physische Verbindung zwischen Maria und Gott nicht zugänglich. Wer die Unendlichkeit und Ewigkeit Gottes erfaßt hat, kann Ihm keine Gestalt geben und Ihm keine körperlichen Eigenschaften, wie Leben und Sterben, zuordnen.

> Die jüdische Gottesidee lehnt jeden Kompromiß bezüglich der Geistigkeit Gottes ab. Ebenso ist die Vorstellung, daß ein Mensch Gott werden könne oder daß Gott eine menschliche Form annähme, abstoßend für den jüdisch religiösen Geist. Jüdischer Verstand und Glaube kann die Vorstellung, daß die unendliche Göttlichkeit sich auf die Dimension des Sterblichen beschränken läßt, nicht akzeptieren.[26]

Die Juden verstehen nicht, wie man daran glauben kann, daß Gott sich mit einem menschlichen Geschöpf paart und einen Sohn zeugt. Es ist weder Verstocktheit noch Blindheit, die die Juden daran gehindert haben, Jesus als Gottessohn zu akzeptieren; es ist in der jüdischen Denkweise schlichtweg unmöglich, dem Ewigen und Unendlichen eine Gestalt zu geben.
Die Erkenntnis des körperlosen Gottes und der Konflikt mit einer Umwelt, die Gott in figurenhafter Form darstellt, kennzeichnet das Judentum von Anfang an. In den Midraschim, den Erzählungen zur Thora, wird vom biblischen Abraham berichtet:

> Abrahams Vater Terach hat Götzen angefertigt und verkauft. Einmal ist eine Frau gekommen und hat eine Schüssel mit Semmelmehl als Opfer für die Götzen gebracht. Abraham stellte die Schüssel vor die Götzen, nahm einen großen Stock und zerbrach alle Figuren. Nur die größte Figur ließ er stehen und legte ihr den Stecken in die Hand. Als sein Vater Terach nach Hause kam und ihn fragte: »Was hast Du getan?« antwortete Abraham: »Eine Frau hat Sem-

> melmehl als Opfer gebracht, und die Götzen begannen miteinander zu streiten. Jeder wollte zuerst essen. Da nahm der größte Götze den Stock und zerbrach die anderen.« Da sagte Terach zu Abraham: »Haben sie denn Verstand oder haben sie denn Leben in sich?« Abraham antwortete: »Wenn sie keinen Verstand und kein Leben haben, warum sollen wir ihnen dienen?«[27]

Diese Erzählung verdeutlicht die Ablehnung jeglicher bildhaften Vorstellung von Gott, denn zu schnell kann man auf die Idee kommen, dem Bild selber göttliche Eigenschaften zuzuschreiben.

Der Jude kann den Glauben an Gott verlieren, aber wenn er Ihn fühlt, ist Er nicht antastbar. Darum konnte man weder durch Schläge, Marter, Beleidigungen noch durch Überredung und Predigten die Juden dazu bringen, Ihm eine Gestalt zu geben. Wie kann ein Mensch, der die Unendlichkeit Gottes erfaßt hat, vor einer Statue die Knie beugen und sie anbeten? Das jüdische Volk verneigte sich im Altertum nicht vor den Bildern der Kaiser und der griechischen und römischen Götter und hat Jahrtausende, trotz furchtbarer Qualen und Strafen seitens der Kirche, nicht vor den Jesus- und Mariastatuen gekniet.

Nach jüdischem Bekenntnis ist Gott unteilbar, einzig und allmächtig. Wenn sich der Gläubige diesem allmächtigen Gott unterwirft, umgibt ihn der göttliche Schutz wie eine unsichtbare Rüstung. Er zweifelt nicht an Gottes Schritten, er zweifelt nicht an Seinem Tun; in allem sieht er einen göttlichen Plan, und er nimmt auch den Tod ohne Widerstand hin. Da der Fromme in dem Bewußtsein lebt, daß diese Welt ein Durchgang ist, nimmt er sein Schicksal an, ohne sich dagegen aufzulehnen. Emil Davidovic, ein

Rabbiner, der Auschwitz überlebt hat, drückte in einem Interview seine Erfahrungen in der tiefsten Hölle folgendermaßen aus:

> Die Frommen starben viel leichter. Die Gottlosen waren viel verzweifelter, denn sie sahen jetzt auf einmal: Das ganze Leben war sinnlos, sinnlos alles, alles sinnlos.
> Aber die, die geglaubt haben, glaubten nicht, daß alles sinnlos war. Sie waren überzeugt, daß alles einen Sinn im Plan Gottes habe, obwohl wir ihn nicht verstehen.[28]

19. Die Frage als Schlüssel zur Thora

Die Didaktik des Thorastudiums stützt sich auf die Frage. Die Thora wird nicht durch Auswendiglernen und Wiederholen von Sätzen und Kapiteln gelehrt, sondern der Text wird durch die Frage erfaßt und gedeutet. Thoralernen ist weit mehr als ein Rezipieren des Stoffes; es ist ein analytisches Lernen, dessen Didaktik letzten Endes auf alle Bereiche der Natur- und Geisteswissenschaften angewandt werden kann. Es ist kein Zufall, daß, in der Relation zu der geringen Anzahl der Juden, unverhältnismäßig viele Nobelpreisträger aus jüdischen Familien kommen und überragende Denker Juden waren. Das liegt an keiner genetischen Auslese, sondern an einem Lernsystem, das über Jahrhunderte hinweg bewußt oder unbewußt tradiert wird.

Kehren wir zum ersten Satz der Thora zurück: Am Anfang erschuf Gott den Himmel und das Land (die Erde). »Warum steht nicht geschrieben: Am Anfang erschuf Gott die Welt?«, fragte mein Lehrer im »Or Sameach«.

Dazu gab er folgende Erklärungen: Das hebräische Wort für Himmel ist Schamaim. Schamaim hat mehrere Bedeutungen. Die offensichtlichste ist »Scham maim«, das heißt wörtlich: »Dort ist Wasser«, denn der Himmel sieht wie blaues Wasser aus.

Schamaim bedeutet aber noch mehr. Es ist die Mehrzahl von »dort«, und hinter diesem Begriff verbergen sich Unendlichkeit und Ewigkeit. Immer, wenn wir gedanklich bei einem »dort« angelangt sind, existiert ein weiteres »dort«. Sowohl räumlich wie auch zeitlich gibt es kein Ende.

Schamaim ist auch die Zusammensetzung aus den Worten »Esch« = Feuer und »Maim« = Wasser. Feuer und Wasser sind widerstreitende Elemente, die auf der Erde nicht gemeinsam existieren können; sie vernichten sich gegenseitig. Im Wort Schamaim löschen sie einander nicht aus, sondern sind als gleichwertige Komponenten miteinander verbunden. Wir sehen, daß Schamaim neben der Unendlichkeit und Ewigkeit den Widerspruch beinhaltet. Was auf der Erde nicht möglich ist, ist im Schamaim möglich. Schamaim existiert und ist im wahrsten Sinne des Wortes nicht »begreifbar«.

»Gott wohnt im Himmel«, sagen wir manchmal. Damit ist nicht der Himmel als Ort gemeint, nicht das blaue Gebilde mit den luftigen Wolken, sondern Schamaim, die Unendlichkeit, die Ewigkeit und der Widerspruch. Schamaim ist das abstrakte Prinzip.

Gott schuf Schamaim und Aretz. Aretz ist das Land, und Adama ist die Erde. Aretz und Adama sind anfaßbar, begrenzt und formbar. Mit unseren Sinnen begreifen wir Aretz und Adama. Wir können die Erde sehen und sie berühren, ihr verschiedene Formen geben, sie verändern und neu bebauen. Aretz und Adama stehen in der Schöpfungsgeschichte für das konkrete Prinzip. Unser Körper ist Adama, er ist begrenzt und vergänglich. Gott hat den Menschen aus Adama/Erde geschaffen und ihm Schamaim, die Seele, eingehaucht. Der Mensch ist die Verbindung zwischen Adama und Schamaim, zwischen dem Irdischem und dem Himmlischem, zwischen dem Konkreten und dem Abstrakten.

Das ist ein Grund, warum nicht geschrieben steht: Gott schuf die Welt, sondern Himmel und Erde gesondert aufgeführt werden. Aus dem Abstrakten und dem Konkreten besteht die Welt.

Wir erkennen, wie wichtig die Frage zu Beginn war, denn durch die Antworten konnten wir den Satz erklären und entschlüsseln.

Die Anordnung der Prinzipien, nämlich daß Gott zuerst das abstrakte und danach das konkrete Prinzip geschaffen hat, lehrt uns, in eine bestimmte Richtung zu denken. Zuerst kommt die abstrakte Idee und danach die konkrete Ausführung; aus dem Allgemeinen leitet sich das Besondere ab.

In sechs Tagen schuf Gott die Welt. »Das stimmt doch gar nicht«, werden jetzt viele sagen, »wir wissen doch, daß das Universum sich in Millionen Jahren entwickelt hat.« Es spielt überhaupt keine Rolle, in wieviel Zeit sich die Welt entwickelt hat; die Thora lehrt mit der Schöpfungsgeschichte Denkweisen und keine naturwissenschaftlichen Prozesse. Das Denkmuster wird sichtbar, wenn wir die sechs Schöpfungstage in zwei mal drei Tage aufteilen und sie nebeneinanderstellen:

1. Tag	*4. Tag*
Am ersten Tag schuf Gott das Licht und unterschied zwischen dem Licht und der Finsternis.	Am vierten Tag schuf Gott die Himmelslichter, die Sonne, den Mond und die Sterne.

2. Tag
Gott machte eine Ausdehnung zwischen dem Wasser. Er schuf Wasser oberhalb und Wasser unterhalb der Ausdehnung, das heißt, den Himmel und das untere Wasser, die Meere.

5. Tag
Gott schuf die Tiere des Himmels und der Meere, die Vögel und Fische.

3. Tag
Gott sammelte die Meere an einem Ort, auf daß sichtbar wurde das Trockene, die Erde.

6. Tag
Gott schuf die Tiere, die auf der Erde leben, und den Menschen.

7. Tag
Am siebten Tag ruhte Gott aus von seinem Tun. »Es waren nun vollendet die Himmel und die Erde und all ihr Heer. Und Gott hatte vollendet am siebenten Tage sein Werk, das er gemacht, und er ruhte am siebenten Tage von all seinem Werke, das er gemacht. Und Gott segnete den siebenten Tag und heiligte ihn, denn an demselben ruhete er von all seinem Werke, das Gott geschaffen und gemacht hatte« (1. Mose 2:1–3).

Sehen wir uns die Schöpfungen des 1. und 4. Tages an. Wäre es nicht logischer, zuerst die Himmelsgestirne zu schaffen, denn durch ihr Leuchten entsteht das Licht? Erst wenn ich eine Lampe in einen dunklen Raum stelle und sie anknipse, wird es hell. Ist das Licht denn nicht das Ergebnis des Leuchtkörpers? Nein, lehrt uns die Thora, zuerst muß die Idee vom Licht vorhanden sein; erst dann kann die Lampe erfunden werden. Sonne, Mond und Sterne sind die Werkzeuge des Lichts, die Idee vom Licht führt zur Entstehung des Werkzeugs. Das Licht steht für Erkenntnis, und jedem Schöpfungsprozeß geht die Erkenntnis voraus.

Wenn wir uns die Schöpfungen der ersten drei Tage ansehen, dann entdecken wir, daß Gott zuerst die universalen Linien festgelegt hat und parallel dazu in den drei weiteren Tagen die Einzelheiten geschaffen hat. Nicht im Kleinen sollen wir uns verzetteln, nicht im Unwichtigen verbrauchen, nicht im Unwesentlichen hängenbleiben, sonst können wir vor lauter Details die Idee nicht mehr erkennen. Wenn wir den Überblick verlieren, finden wir uns in der Vielfalt der Erscheinungen nicht mehr zurecht.

Hinter den Himmelsgestirnen verbirgt sich die Idee des Lichts, hinter den vielen Einzelheiten verbergen sich globale Zusammenhänge. Wer diese Form des Denkens gelernt hat, wird bei allem, was er anfängt, zuerst die Idee herauskristallisieren und sich anschließend mit dem Detail beschäftigen. Das ist ein mögliches Interpretationsmodell der Schöpfungsgeschichte.

Das Studium der Thora zeichnet sich durch die Vielfalt der Interpretationsmöglichkeiten aus, ohne daß eine autoritäre Lehrmeinung ein Erklärungsmodell als richtig oder falsch wertet. Neben der schriftlichen Thora, den fünf Büchern Moses, nennt man den Talmud die mündliche Thora. Im Talmud sind die Diskussionen und Meinungen der Weisen wiedergegeben, die die schriftliche Thora auslegen. Das Charakteristische ist, daß Deutungen und Meinungen festgehalten sind, die voneinander abweichen und sich widersprechen.

> Die talmudische Welt ist zweidimensional und darin von Grund auf anti-ideologisch. Der – wahre – Talmudist sagt niemals wir, und er hat auch keinesfalls das Recht zu sagen: Der Talmud sagt…

> Er kann sagen: Im Talmud gibt es eine Meinung, die besagt…, aber gleichzeitig gibt es eine Meinung, die genau das Gegenteil besagt…[29]

Das Studieren der Thora basiert auf der Ambivalenz und dem Streitgespräch, das im Hebräischen »Machloket« genannt wird.

> In der Machloket wird keine Versöhnung angestrebt. Wenn man den Begriff der Dialektik gebrauchen will – der sehr oft für die talmudische Haltung angewandt wird –, muß man von »offener Dialektik« sprechen, weil keine Synthese und kein dritter Term den Widerspruch auflöst.[30]

Die jüdische Lernhaltung insgesamt geht nicht davon aus, daß es eine richtige oder falsche Meinung gibt. Völlig widersprüchliche Deutungen sind nebeneinander aufgeführt, und es wird kein Kompromiß angestrebt. Wann eine Verhaltensregel festgelegt wird, entscheidet die Mehrheit; die Meinung der Minderheit bleibt erwähnt und wird nicht abgelehnt. In diesem Denksystem gibt es keine dogmatischen Lehrsätze.
Sigmund Freud schreibt über sein Judentum:

> Und dazu kam bald die Einsicht, daß ich nur meiner jüdischen Natur die zwei Eigenschaften verdankte, die mir auf meinem schwierigen Lebensweg unerläßlich geworden waren. Weil ich Jude war, fand ich mich frei von vielen Vorurteilen, die andere im Gebrauch ihres Intellekts beschränken, als Jude war ich dafür vorbereitet, in die Opposition zu gehen und auf das Einvernehmen mit der »kompakten Majorität« zu verzichten.[31]

Was Freud die »jüdische Natur« nennt, ist sicherlich nicht genetisch gemeint, sondern die Art des Denkens, die über die Jahrtausende hinweg gelehrt wird. Das Kind lernt von Anfang an, daß menschliches Denken aus Widersprüchen besteht und daß man die Welt gedanklich nicht in richtig und falsch einteilen kann. Der eigene Verstand steht im Vordergrund und nicht das Unterordnen unter eine offizielle Lehrmeinung. Ambivalentes Denken wird im religiösen Bereich gefördert, und keiner verlangt ein »Einvernehmen mit der kompakten Majorität«. Diese Denkform wird auf alle Bereiche des Geistes übertragen.
Wir sehen, daß das Studium der Thora weit mehr als ein Glaubensmodell ist; es ist eine intellektuelle Schulung des Geistes. Menschen, die die Thora studiert haben, versuchen aus den Sätzen die Idee herauszufiltern; sie nehmen die Texte nicht fraglos hin, sondern streben nach Erklärungen und gehen gleichzeitig davon aus, daß mehrere Interpretationsmodelle des gleichen Sachverhalts existieren. Die Grundlage allen Forschens ist die Suche nach allgemeinen Zusammenhängen und logischen Erklärungen. Das Studium der Thora ist die Suche nach Erkenntnis und Wahrheit, wobei diese Begriffe nicht eindeutig, sondern mehrdeutig aufgefaßt werden. Dieses Denkmuster ist auf jeden Lebensbereich anwendbar. Wer in der Lern- und Denktradition des Thorastudiums aufgewachsen ist, nimmt die Welt nicht fraglos hin. Stets sucht er nach Erklärungen und versucht, den Überblick zu behalten.

20. Der Computer – unser moderner Golem

Wer nicht überblickt, was er tut, wer nicht danach fragt, an welchem Werk er arbeitet, wer seinen Tag in Unwissenheit zubringt, der befindet sich in einer geistigen Wüste, die er auch nach Feierabend nicht verlassen kann. Bitter, schwer, öd und leer wird das Leben. Nicht jede Arbeit ist abwechslungsreich, und viele mechanische Tätigkeiten müssen wir ausüben, aber wenn Arbeit nur noch aus automatischen Handgriffen besteht, wenn wir das Werk in seiner Gesamtheit nicht mehr begreifen, dann zerstört die Arbeit die Seele.

Der sanktionierte Moloch der rationalen kapitalistischen Gesellschaft ist die Industrie. Von Beginn des Industrialisierungsprozesses an haben Philosophen und Künstler auf die Gefahren dieses Ungeheuers hingewiesen. Hermann Hesse nannte die Industrie einen Betrieb, der die Persönlichkeit frißt. Die modernen Industriebetriebe brauchen keine Menschen, sie brauchen Roboter; deswegen läßt sich die Automatisation problemlos durchführen. Lange bevor die Maschinen die menschliche Arbeit ersetzten, wurden die Menschen zu Maschinen abgerichtet. Jede Individualität wird verdrängt und ausgeschaltet, der REFA-Fachmann bestimmt das Tempo der Arbeit; sein Meßgerät ist

die Effizienz, die Rentabilität, die Gewinnmaximierung. Gefühle, Persönlichkeit, Empfindungen werden ausgeschaltet.
Reibungslos sind wir ins elektronische Zeitalter hinübergeglitten. Mit einer ungeheuren Schnelligkeit werden Computerprogramme entwickelt, und kaum gewöhnt man sich an eines, so ist es bereits veraltet. Die Kommunikationsmöglichkeiten sind ins Unermeßliche gestiegen, die Arbeitsprozesse werden abstrakter und für den einzelnen unübersichtlicher. Die schnelle Entwicklung verunsichert und streßt die Arbeitnehmer; man kann sich nicht mehr auf seine Kenntnisse verlassen, sondern ist gezwungen, dauernd dem Fortschritt hinterherzurennen. Der Computer bestimmt in immer breiterem Maße unser Verhalten, und zwischenmenschliche Gefühle werden ihm bedingungslos geopfert.
Ich erinnere mich an ein kleines Erlebnis vor Jahren, als ich zum erstenmal meine Hilflosigkeit dem Computer gegenüber wahrnahm. Ich benötigte ein Buch aus der Universitätsbibliothek, um eine Seminararbeit zu beenden. Das bestellte Buch sollte ich vor 18 Uhr abholen. An jenem Tag hatte ich einige Besorgungen zu erledigen, und als ich auf die Uhr schaute, stellte ich erschrocken fest, daß es bereits kurz vor 18 Uhr war. Aufgeregt hetzte ich zur Universitätsbibliothek, kam außer Atem an und rannte zur Ausgabestelle der Bücher. Um 18.01 Uhr stand ich atemlos vor der Bibliothekarin, einer sympathischen, älteren Dame, und verlangte den Band. Das bestellte Buch lag im Regal, sie nahm es in die Hand und sagte: »Ich würde es Ihnen gerne geben, aber um 18 Uhr schaltet automatisch der Computer ab, und ich kann die Ausleihe nicht eintragen.«
Hilflos schaute ich auf die Bibliothekarin und das Buch.

Ich konnte weder bitten noch mich aufregen; sollte ich den Computer beschimpfen? Wütend schluckte ich meinen Ärger herunter. Der Computer diktierte unser Verhalten und nicht mehr unser Wille; die Entscheidung fällte ein abstraktes System, mit dem man nicht diskutieren konnte. Eine unwillige Bibliothekarin hätte ich zu überreden versucht, ich hätte sie stur und verbohrt genannt, wenn sie wegen einer Minute die Herausgabe eines Buches verweigert hätte, aber dem Computer gegenüber sind wir machtlos. Unter dem Deckmantel der Rationalität, der Effektivität und der Objektivität nötigt er zu mechanischem Handeln, schiebt Gefühle und Wünsche beiseite und zwingt ein genormtes Verhalten auf, dem jede Emotionalität abgeht.
Unsere Welt ist ohne Computer nicht mehr denkbar. Alles wird mit Hilfe dieses unendlichen Speichergehirns organisiert: die Verwaltung der Städte, die Wirtschaft, die Organisation des Verkehrs, der Ablauf von Arbeitsprozessen. Computerdaten bestimmen wichtige Entscheidungen in der Wirtschaft und Politik; in den Mammutorganisationen ist der Mensch zum willenlosen Diener eines unverständlichen Systems degradiert worden.
»Big Brother Is Watching You«, George Orwells Zukunftsvision ist von der Wirklichkeit längst eingeholt worden. Zwar verabschieden wir Datenschutzgesetze, die den Mißbrauch mit der Information einschränken sollen, aber bei Bedarf und bei Veränderung der politischen Landschaft können die Gesetze geändert oder abgeschafft werden, und ein perfektes Überwachungssystem wird der politischen Macht zur Verfügung stehen.
Der Golem, den die Menschheit erfunden hat, wird am Ende Zerstörung säen, und es wird uns wie dem Rabbi Löw von Prag gehen. Eine Sage erzählt, wie Rabbi Löw den Go-

lem aus Lehm geformt und ihm die Gestalt eines Menschen gegeben hat. Der Rabbi schrieb Gottes heiligen Namen auf einen Zettel, schob das Papier dem Golem in den Mund, und die Figur erwachte zum Leben. Der Golem gehorchte Rabbi Löw aufs Wort und führte jeden Befehl widerspruchslos aus. Am Freitag, bevor der Schabbat begann, mußte Rabbi Löw den Gottesnamen entfernen, damit der Golem Ruhe gab, denn aus eigener Kraft konnte die Lehmfigur nicht aufhören zu arbeiten. Am Schabbat hatte der Rabbi keine Macht über sein Werk. Lange Zeit ging alles gut, bis Rabbi Löw eines freitags vergaß, den Zettel aus dem Mund seines stummen Dieners zu entfernen, und als der Schabbat anbrach, begann der Golem sein Zerstörungswerk. Er vernichtete alles, was er geschaffen und gebaut hatte, bis er zu Staub zerfiel.

Der Computer ist unser moderner Golem, und wer weiß, ob wir nicht eines Tages die Macht über ihn verlieren werden. Er wird Entscheidungen fällen, die keiner wollte und die niemand verantworten kann.

Im Schlaraffenland der westlichen Konsumgesellschaft zieht man Generationen heran, die in ihrem Sozialverhalten gestört sind, weil an die Stelle von Spielkameraden der Spielcomputer tritt. Im frühesten Alter treten die Kinder in den Wettbewerb mit der Maschine und werden zur Leistungsteigerung motiviert, während gleichzeitig der emotionale Bereich völlig vernachlässigt wird. Mit dem Computer muß ich mich nicht vertragen, mit ihm kann man nichts aushandeln, ihn kann man nicht lieben. Von klein auf unterwerfen sich die Kinder den Regeln der Maschine, Reaktionsschnelligkeit, logisches Kombinieren, mechanische Kreativität werden gefördert; Lebensspannung dagegen, die sich in der Interaktion zwischen Menschen

einstellt, ausgeschaltet. Die Kinder werden nervös und habgierig. Mehr leisten, mehr erreichen, mehr haben ist das Ziel der Computererziehung. Dies führt zu einer tiefen Frustration der Gesellschaft, zu einer seelischen Unruhe, denn das Gefühl bleibt hungrig und unausgefüllt.
Bereits Ende der sechziger Jahre schrieb Erich Fromm:

> Das Bedrohlichste daran ist gegenwärtig, daß wir offenbar im Begriff sind, die Kontrolle über unser eigenes System zu verlieren. Wir führen nur noch die Entscheidungen aus, welche unsere Computer mit ihren Berechnungen für uns treffen. Als menschliche Wesen haben wir keine anderen Ziele als immer mehr zu produzieren und zu konsumieren. Es gibt nichts, was wir wollen, und auch nichts, was wir nicht wollen. Wir sind bedroht von der Vernichtung durch Atomwaffen, und wir sind in Gefahr, innerlich abzusterben durch unser Untätigsein, das daher rührt, daß wir keine verantwortlichen Entscheidungen mehr zu treffen haben.[32]

Je weiter dieses entmenschlichte System getrieben wird, je mehr Menschen bei ihrer Arbeit das Denken und Fühlen beiseite schieben, keine verantwortlichen Entscheidungen mehr übernehmen wollen oder können, das Endergebnis ihrer Tätigkeit nicht mehr sehen und die eigene Arbeit nicht mehr verstehen, desto unzufriedener und inhaltsloser wird die Gesellschaft. Sie braucht immer mehr Ersatz für den großen Verlust, den sie erleidet, nämlich die Spannung des Lebens aufgegeben zu haben.
In der modernen Industriegesellschaft stumpft der Arbeitnehmer ab und wird zur Maschine instrumentalisiert. Ein rationell arbeitender, auf Gewinn ausgerichteter Industriebetrieb benötigt nur eine kleine, gut geschulte Führungs-

schicht, aber ein Heer von folgsamen Werktätigen, die bereitwillig und fraglos die angeordneten Handgriffe ausführen. Je weniger der untergeordnete Arbeitnehmer sich einmischt und selbst nachdenkt, desto reibungsloser läßt sich ein geplanter Arbeitsprozeß durchführen. Der Preis, den die entfremdete Arbeit fordert, ist Unzufriedenheit, Unruhe und ein diffuses Gefühl des Unwohlseins, das durch vermehrten Konsum überdeckt werden muß.

Denken und Lernen sind ein menschliches Bedürfnis, und jeder kann es. Von der ersten Sekunde unseres Lebens an denken wir, und erst mit dem Tod erlischt unsere Gehirntätigkeit. Nur wenn es einen nicht mehr interessiert, was man lernt, weil es mit der eigenen Erfahrungswelt nichts zu tun hat, wird Lernen anstrengend und langweilig. Schon in der Schule wird man für das künftige uninteressante Leben abgerichtet. Für das, was sich in vielen Schulklassen abspielt, dürfte man das Wort »lernen« nicht benutzen. Es ist ein stures Einpauken und führt zu Abstumpfung und Verunsicherung. Wir wissen von Kindern, daß sie einem Löcher in den Bauch fragen, weil sie durch ihre Neugier die Welt begreifen wollen. Diese kindliche Neugier wird in der Schule erstickt, und anstatt mit Erkenntnis wird das Gehirn mit unwichtigen Fakten belastet und die kindliche Seele auf Leistungswettbewerb getrimmt. Und schon in jungen Jahren wandelt sich Lebensspannung und Erkenntnisfreude in Langeweile und Unsicherheit.

Wir können die Zeit nicht zurückdrehen. Mit einer ungeheuren Geschwindigkeit dreht sich das Rad der Automatisation und der digitalen Technik vorwärts. Der Schriftsteller kann nicht in die Speichen der Wirtschaft eingreifen; ohnmächtig und klein ist sein Wort im Vergleich zu der gut geölten und machtvollen Maschinerie der Industrie und

Wirtschaft. Mit einem riesigen geistigen und finanziellen Aufwand verkaufen die Unternehmen die Ideologie eines permanenten Fortschritts. Sie reden uns allen ein, daß mit der Anhäufung von materiellen Gütern Glück und Zufriedenheit in unser Leben treten werden. Sie müssen ihre Arbeitnehmer zu willenlosen Werkzeugen erziehen, um reibungslos mehr produzieren zu können. Der neugierige Mensch stört im industriellen Produktionsprozeß.
Wer jedoch zu fragen gelernt und seine kindliche Neugier nicht eingebüßt hat, der verfällt dieser stumpfen Leere nicht. Eine Erkenntnis, die wir aus der ersten Erzählung der Thora, der Schöpfungsgeschichte, ziehen können, ist die, daß wir den Überblick über unser Werk, unser Leben und unsere Umgebung nicht völlig verlieren dürfen, sondern im Gegenteil durch neugieriges Fragen versuchen sollen, soviel wie möglich zu verstehen.
Eine andere Erkenntnis ist, daß Arbeit nicht unbegrenzt sein darf. Gott, der unendlich, ewig und allmächtig ist, hat eine Pause eingeschaltet; um wieviel mehr müssen wir Menschen, die wir im Ebenbild Gottes geschaffen sind, eine Unterbrechung einlegen. Diese Ruhepause ist der Schabbat. Das hebräische Wort Schabbat bedeutet sitzen, stillegen, ausruhen, streiken. Auf Gottes vorbildliches Verhalten in der Schöpfungsgeschichte geht das Vierte Gebot zurück, das dem Volk Israel die Heiligung des Schabbats auferlegt.

21. Die zerstörerische Komponente der Arbeit

Gott schuf die Welt, und in seine vollendete Schöpfung stellte er den Menschen. Die Menschen im Paradies waren keine schöpferischen Wesen; alles, was sie zum Wohlergehen brauchten, war vorhanden. Adam und Eva litten weder Hunger noch Durst, weder Hitze noch Kälte, sie konnten nicht zwischen Gut und Böse unterscheiden, hatten keine Sorgen, keine Angst, fühlten keinen Schmerz, wußten nicht um den Tod; es gab für sie weder Gestern noch Morgen.

Wenn wir die Entwicklung der Menschheit beleuchten, so erkennen wir, daß zunächst die menschliche Arbeit dazu diente, den Urzustand, das Paradies, wiederherzustellen. Die Überwindung des Hungers, der Kälte und des Schmerzes ist das Hauptziel unserer Tätigkeiten. Weit sind wir damit gekommen. Stolz und zufrieden kann die westliche Welt auf ihr Werk blicken. Der Hunger ist in Europa und Nordamerika überwunden, die Medizin hat Medikamente entwickelt, die uns heute ein schmerzloses Leben ermöglichen, und sogar den Tod schieben wir immer weiter hinaus. Der Sechzigjährige gilt heute als jung, geistig und körperlich rege, und aktive Menschen im Pensionsalter bevölkern die Städte. Aber längst dient die Arbeit nicht mehr zur Befrie-

digung von elementaren Bedürfnissen. Sie hat sich verselbständigt und zu einem Grundbedürfnis unseres Lebens entwickelt. Unermüdlich bauen, verbessern, verschönern, verändern wir die Natur. Keine Energiequelle ist so ergiebig wie der menschliche Wille, keine Kraft so unerschöpflich wie der Zwang, Neues zu schaffen. Ein unruhiger Motor arbeitet in uns und läßt uns nicht müßig sitzen.
Häufig beobachte ich die wilden Katzen, die in der Nähe meiner Wohnung herumstreunen. Sobald sie ihren Hunger gestillt haben, sind sie frei für das Nichtstun. Sie liegen müßig und faul in der Sonne, ihre innere Bewegungsuhr ist abgestellt. Wir modernen Menschen haben uns um diese Freiheit gebracht. Theoretisch könnte man viele Stunden des Tages mit Nichtstun zubringen. Aber das können wir nicht, und deswegen haben wir tausend Wege gefunden, die uns ablenken, unterhalten und beschäftigen. Wir schaffen überflüssige Bedürfnisse, und um sie zu befriedigen, müssen wir mehr arbeiten; und wir arbeiten, um überflüssige Bedürfnisse zu schaffen. Ganze Industriezweige sind darauf ausgerichtet, neue Wünsche zu wecken. Millionen Menschen in der Werbung beschäftigen sich mit nichts anderem als mit dem Problem, wie man unnütze Produkte verkaufen kann. Wir drehen uns mit der Schnelligkeit eines Teufelsrades auf dem Jahrmarkt im Kreis und können die Tür zum Ausgang nicht finden. Weil wir so vieles haben wollen, arbeiten wir mehr, und weil wir mehr arbeiten, können wir uns vieles leisten. Da unser Konsumbedürfnis jedoch keine Grenzen findet, weil uns stets neue Produkte verführen, sind wir gezwungen, mehr zu arbeiten.
Mit dem Begriff der Arbeit assoziieren wir positive Eigenschaften wie Fleiß, Strebsamkeit und Ordentlichkeit. Das Nichtstun bewerten wir negativ; Faulheit und Müßiggang

schrecken uns ab. Nur in Ausnahmesituationen, nämlich wenn wir krank sind, dürfen wir uns dem Nichtstun hingeben, und es ist kein Zufall, daß gerade in der westlichen Hemisphäre eine stetige Zunahme der psychosomatischen Krankheiten zu verzeichnen ist.

Wir modernen und fortschrittlichen Menschen haben die Ruhe verloren. Sogar in der Freizeit, die uns in immer größerem Maße zur Verfügung steht, stellen wir die innere Unruhe nicht ab. Im Gegenteil: Das Freizeitangebot an Unterhaltung und Beschäftigung wächst in dem Maße, in dem die Freizeit zunimmt. Hektisch entfliehen wir der stillen Einkehr, gefangen in der rastlosen Bewegung, süchtig nach Zerstreuung und Amüsement zerstören wir nicht nur die Natur, sondern das Wichtigste unseres Menschseins, unsere Seele. Arbeits- und Freizeitstreß lösen einander ab und verhindern die entscheidende Frage: Wem dient diese stressige Hetzerei?

Ich erinnere mich an meine Ankunft in Israel. Von all meinem Besitz hatte ich mich getrennt, die Möbel verkauft, fast die ganze Garderobe verschenkt, die Bücher fortgegeben; in wenigen Koffern nahm ich die wichtigste Wäsche und ein paar Kleidungsstücke mit. Spät in der Nacht erreichte ich das Einwanderungszentrum, einen trostlosen Betonbau am Rande der judäischen Wüste. Mir wurde ein Zimmer zugewiesen, in dem ein Bett, ein Schrank, ein Tisch und zwei Stühle standen. Von einem Tag auf den anderen war ich von meinem vorherigen Leben abgeschnitten. Ich fand mich in einer fremden Landschaft, umgeben von einer unbekannten Sprache, zwischen neuen Gesichtern wieder. Jeden Morgen besuchte ich eine Sprachenschule, am Nachmittag beschäftigte ich mich mit ein wenig Hausarbeit und machte meine Aufgaben. Sobald ich damit fertig war, überfiel mich eine schreckliche Unruhe, denn es fehlte mir die Ablenkung. Ich besaß kein Radio und keinen Fernseher, kein Telefon und keine deutschsprachigen Zeitschriften. Ich war süchtig nach irgendeiner Form von Unterhaltung und konnte diese Sucht nicht befriedigen. Auf mich zurückgeworfen, der Landessprache nicht mächtig, von ungewohnten Schriftzeichen umgeben, fand ich mich in einer tristen und reizarmen Landschaft wieder. Von jeder Kommunikation ausgeschlossen, spürte ich das Ticken meiner inneren Uhr, fühlte einen körperlichen Schmerz, wie ein Raucher, dem die Zigaretten fehlen. Als ich nach einigen Tagen eine deutschsprachige Zeitung erstand, las ich alles: Reklame, uninteressante Artikel, dämliche Witze; es war mir ganz gleichgültig, was dort geschrieben stand. Wie eine Verdurstende sog ich das geschriebene Wort auf und versorgte das ausgetrocknete Gehirn mit bekannten Zeichen. Es dauerte einige Wochen, bis die innere Unruhe ein wenig nachließ. Vielleicht, weil ich inzwischen ein paar Worte Hebräisch gelernt hatte und schon notdürftig sprechen konnte, vielleicht, weil ich mich an den reiz- und kommunikationslosen Zustand gewöhnt hatte. Es wurde mir leichter, still zu sitzen, abends den Sternenhimmel anzusehen, den frischen Wind zu spüren und mich der Jerusalemer Nacht tatenlos hinzugeben.

Ich will hier kein Essay gegen die Arbeit schreiben, mir geht es auch nicht darum, ein neues Buch der Kulturverdrossenheit zu veröffentlichen, aber es ist mir wichtig, festzuhalten, daß wir Arbeit nicht nur unter einem positiven Aspekt betrachten können. Allmählich entdecken immer mehr Menschen die zerstörerische Komponente unbegrenzter Arbeitssucht. Nicht nur durch den Bau von Waffen und ihre Anwendung wird Leben und Natur zerstört;

die hemmungslose Ausbeutung der Rohstoffe, die vermehrte Nutzung von Energie, das stetige Wachstum der Städte, die Überhandnahme von giftigem Müll – alles unmittelbare Folgen unserer Arbeit – zerstören die Lebensgrundlagen der Tiere und Menschen. Wir müssen einen Weg finden, weniger zu verbrauchen und weniger zu benutzen. Wir müssen die Arbeit einschränken und totale Ruhepausen einlegen, so wie es die Bibel fordert: »Aber der siebente Tag ist ein Ruhetag dem Ewigen, deinem Gotte« (2. Mose 20:10).

22. Das Vierte Gebot: Gedenke des Ruhetages

Die Grundlage des Schabbatgesetzes ist das Vierte Gebot:

> Gedenke des Ruhetages, ihn zu heiligen. Sechs Tage kannst du arbeiten und all deine Arbeit tun. Aber der siebte Tag ist ein Ruhetag dem Ewigen, deinem Gotte. Da sollst du keinerlei Arbeit tun, du oder dein Sohn oder deine Tochter, dein Knecht oder deine Magd, oder dein Vieh, oder dein Fremdling, der in deinen Toren ist. Denn sechs Tage machte der Ewige den Himmel und die Erde, das Meer und alles, was in denselben ist, und ruhete am siebenten Tag. Darum segnete der Ewige den Ruhetag und heiligte ihn (2. Mose 20:8–11).
>
> Hüte den Ruhetag, ihn zu heiligen, so wie der Ewige, dein Gott, dir geboten hat. Sechs Tage kannst du arbeiten und alle deine Arbeit tun. Aber der siebente Tag ist ein Ruhetag dem Ewigen, deinem Gotte. Da sollst du keinerlei Arbeit tun, du oder dein Sohn oder deine Tochter, oder dein Knecht oder deine Magd, oder dein Ochse, oder dein Esel oder all dein Vieh, oder dein Fremdling, der in deinen Toren ist, damit dein Knecht und deine Magd ruhe wie du. Und gedenke, daß du Knecht gewesen im Lande Ägypten und der Ewige, dein Gott, dich herausgeführt hat von dort

> mit starker Hand und ausgestrecktem Arm. Darum hat der Ewige, dein Gott, dir geboten, den Ruhetag zu halten (5. Mose 5:12–15).
> Sechs Tage tue deine Werke, aber am siebten Tage ruhe, damit ausruhe dein Ochse und dein Esel und sich erhole der Sohn deiner Magd und der Fremdling (2. Mose 23:12).

Die außerordentliche Bedeutung dieses Gebots wird durch seine Stellung gekennzeichnet. Die ersten drei Gebote regeln die Beziehung des Menschen zu Gott. Er fordert vom Volk Israel im Ersten Gebot, keine anderen Götter zu haben, im Zweiten Gebot, kein Bildnis von Ihm anzufertigen, und im Dritten Gebot, Seinen Namen nicht unnütz zu gebrauchen. Das Fünfte bis Zehnte Gebot regelt das soziale Verhalten der Menschen untereinander. Das Fünfte Gebot fordert: Ehre Vater und Mutter, das Sechste: Du sollst nicht morden, das Siebte: Du sollst nicht ehebrechen, das Achte: Du sollst nicht stehlen, das Neunte: Du sollst kein falsches Zeugnis ablegen und das Zehnte: Du sollst nicht gelüsten nach dem Besitz des Nächsten. Wichtiger als die Gebote des sozialen Verhaltens ist das Vierte Gebot von der Schabbatheiligung, das dem Menschen die Ehrfurcht vor der Schöpfung befiehlt. Die enorme Bedeutung des Schabbatgebots wird auch durch die Androhung der Todesstrafe bei Nichtbefolgen des Gesetzes unterstrichen.

> Und beobachtet den Ruhetag, denn er ist ein Heiligtum für euch. Wer ihn entweiht, soll getötet werden, denn wer an demselben eine Arbeit tut, dieselbe Seele soll ausgerottet werden aus ihrem Volke. Sechs Tage darf Arbeit getan werden, aber am siebenten Tage ist ein hoher Ruhetag, dem Ewigen heilig. Wer eine Arbeit tut am Ruhetage, soll getö-

> tet werden. Und so sollen die Kinder Israel beobachten den Ruhetag, zu halten den Ruhetag bei ihren künftigen Geschlechtern, als ewigen Bund. Zwischen mir und den Kindern Israel sei er ein Zeichen auf ewig. Denn sechs Tage hat der Ewige gemacht den Himmel und die Erde, und am siebenten Tage hat er geruht und sich erholt (2. Mose 31:14–17).

Es wäre weit gefehlt, wenn man annähme, daß die Juden das Schabbatgesetz nur aus Angst vor Strafe eingehalten hätten. Seit Jahrtausenden sind keine Urteile gegen Schabbatvergehen ausgesprochen worden, und doch gibt eine Generation der anderen das Gesetz weiter. Nicht Zwang, Schrecken oder Furcht verbreitet der Schabbat; im Gegenteil: Er verspricht Freude, erquickende Ruhe, Erholung des Körpers und der Seele vom Alltagsstreß. Ein Bundeszeichen zwischen Gott und den Kindern Israel ist der Schabbat, und im Talmud wird er als Geschenk Gottes an das Volk Israel beschrieben.

> Der Heilige, gelobt sei Er, sprach zu Mose: Ein kostbares Geschenk habe ich in meiner Schatzkammer, und sein Name ist Schabbat, und ich möchte es Israel geben. Geh hin und laß es sie wissen.[33]

23. Die Mehrheit der Schriftgelehrten entscheidet

»Sechs Tage kannst du arbeiten und all deine Arbeit tun«, heißt es im Vierten Gebot. Die Thora gibt jedoch keine eindeutige Definition des Begriffs Arbeit. Welche Handlungen unter Arbeit zu verstehen sind, ist nicht erklärt. Die Grundzüge des jüdischen Gesetzes sind in der schriftlichen Thora festgelegt, aber an vielen Stellen sind sie unklar und verschlüsselt, und es bedurfte einer eingehenden Diskussion um die Deutung des geschriebenen Wortes, bis verbindliche Verhaltensregeln festgelegt wurden.

In dem großen nachbiblischen Werk, dem Talmud, wird die schriftliche Thora erläutert, beleuchtet und interpretiert. Der Talmud besteht aus Protokollen von Rabbinersitzungen, in denen über die Heilige Schrift debattiert wurde; der Talmud faßt die Meinung einer Vielzahl von Rabbinern zusammen. Wie ich schon erwähnt habe, stimmen die Meinungen nicht überein, und widersprechende Auslegungen sind nebeneinander aufgeführt. Ob eine Deutung zur verbindlichen Vorschrift erhoben wird, entscheidet die Mehrheit. Die Festlegung der Verhaltensnormen basiert von Anfang an auf einer demokratischen Mehrheitsentscheidung der Schriftgelehrten. Sogar das Wunder hat gegen das Mehrheitsurteil keine Entscheidungskraft.

Dazu gibt es eine anschauliche Erzählung im Talmud:

> In dem Lehrhause war eine wichtige Streitfrage zwischen Rabbi Elieser und seinen Kollegen in Verhandlung, nämlich über die Anwendung der Gesetze über die reinen und unreinen Dinge. Alle von Rabbi Elieser angeführten Gründe, um seine Meinung zu verteidigen, waren widerlegt und zurückgewiesen worden.
> »Wenn das Recht auf meiner Seite ist«, rief endlich unwillig der Gelehrte, »so möge es der Johannisbrotbaum, der nahe bei uns steht, beweisen.«
> Bei diesen Worten reißt sich der Baum von seinen Wurzeln los und begibt sich auf die entgegengesetzte Seite.
> »Was tut's?« rufen die Kollegen einstimmig. »Wozu kann der Johannisbrotbaum in unserer Frage dienen?«
> »So mag denn«, fuhr Elieser fort, »jener Bach, der neben uns fließt, den Beweis liefern.«
> Und, o Wunder! Siehe, der Bach fließt plötzlich rückwärts.
> »Was tut's?« riefen die Gelehrten. »Mag das Wasser rück- oder vorwärts fließen, es beweist nichts für unsere Frage.«
> »Nun gut«, sagte Elieser erzürnt, »die Mauern des Saales werden für mich zeugen.«
> Und auf einmal biegen sich die Säulen, die Mauern bekommen Risse und drohen mit Einsturz. Da rief Rabbi Jehoschua: »Mauern! Mauern! Wenn die Weisen in der Auslegung des Gesetzes streiten, was habt ihr damit zu tun?«
> Ehrfurchtsvoll ob dieser Worte stürzten die Mauern nicht ein, ehrfurchtsvoll vor dem ersten Gelehrten richteten sich die Mauern nicht wieder auf, und sie blieben gebogen und hängend.
> »So mag denn die Stimme Gottes selbst den Ausspruch

tun!« So beschwor Rabbi Elieser, und die Tochter der Stimme erscholl aus der Höhe also:
»Was wagt ihr, dem Rabbi Elieser zu widersprechen? Das Recht ist auf seiner Seite.«
Aber gegen jene geheimnisvolle Stimme erhob sich Rabbi Jehoschua und rief:
»Sie ist nicht mehr im Himmel. Nein, das Gesetz ist nicht mehr im Himmel, wir achten nicht auf diese geheimnisvolle Stimme. Du selbst, o Herr, hast in deinem Gesetze befohlen, daß die Meinung der Mehrheit der Gelehrten diejenige ist, die Geltung habe.«
Als Rabbi Nathan mit dem Propheten Elia zusammentraf, fragte er ihn, was man im Himmel von jenem berühmten Streite sage.
Der Prophet antwortete:
»Der Herr lächelte und wiederholte: Meine Söhne haben gesiegt, meine Söhne haben gesiegt.«[34]

24. 39 Arbeiten, die am Schabbat verboten sind

Melacha ist der hebräische Begriff für Arbeit. Unter Melacha dürfen wir nicht nur die entfremdete Arbeit verstehen, die wir nur ausführen, um unseren Lebensunterhalt damit zu verdienen – die stupide, mechanische, schwere und ungeliebte Arbeit; Melacha ist auch die schöpferische Tätigkeit, die uns Freude macht. Der Begriff Melacha beinhaltet jede Form von Veränderung an einem Produkt oder der Umwelt. Ich will Melacha mit dem Begriff »Grundarbeit« übersetzen. Jede Melacha ist am Schabbat verboten.

Das große Werk, an dem das Volk Israel in der Wüste arbeitete, war die Errichtung des Stiftzeltes. Es war der erste in Gemeinschaft geschaffene Bau nach dem Auszug aus Ägypten. In diesem Heiligtum wurden die steinernen Tafeln, auf denen die Zehn Gebote geschrieben waren, aufbewahrt. Die Rabbiner haben 39 Grundarbeiten definiert, die zum Bau des Stiftzeltes nötig waren, und die am Schabbat verboten sind.

Die 39 Grundarbeiten sind:

1. *Pflügen*
2. *Säen*
3. *Ernten*
4. *Bündeln*
5. *Dreschen*
6. *Worfeln*
7. *Auslesen*
8. *Sieben*
9. *Mahlen*
10. *Kneten*
11. *Backen*

Die Arbeiten 1. bis 11. dienten zur Herstellung der Schaubrote für die Stiftshütte: »Und du sollst auf den Tisch allezeit Schaubrote legen vor mein Angesicht« (2. Mose 25:30).

12. Scheren
13. Bleichen
14. Zupfen
15. Färben
16. Spinnen
17. Einspannen der Fäden
18. Zwei Weberknoten machen
19. Weben
20. Auftrennen
21. Knoten
22. Auflösen von Knoten
23. Nähen
24. Reißen

Die Arbeiten 12. bis 24. dienten zur Herstellung der Gewebe: »Und jedes Weib weisen Sinnes spann mit ihren Händen, und sie brachten als Gespinst purpurblaue und purpurrote Wolle, die karmesinfarbige Wolle und den Byssus« (2. Mose 35:25).

25. Jagen
26. Schlachten
27. Fellabziehen
28. Gerben
29. Glätten
30. Bezeichnen
31. Schneiden

Die Arbeiten 25. bis 31. dienten zur Anfertigung der Felle: »Und mache eine Decke über das Zelt von rotgefärbten Widderfellen und eine Decke von Dachsfellen oben darüber« (2. Mose 26:14).

32. Schreiben
33. Auslöschen

»Man bezeichnete die Pfosten des Heiligtums, um zu wissen, welche zusammengehören« (Schabbat 12, Mischna 3).

34. Bauen
35. Niederreißen

Die Arbeiten 34. und 35. dienten zum Auf- und Abbau der Stiftshütte: »Und Mose richtete das Zelt auf und legte seine Füße, und stellte seine Bretter und setzte seine Riegel ein und richtete ihre Säulen auf« (2. Mose 40:18).

36. Feuer anmachen *37. Auslöschen des Feuers*

Die Arbeiten 36. und 37. dienten zum Schmelzen von Metall: »Und es dienten die hundert Kikar Silber, um zu gießen die Füße des Heiligtums und die Füße zum Vorhang« (2. Mose 38:27).

38. Hämmern, letzte Ausbesserung

»Und ihre Bretter überzog man mit Gold« (2. Mose 36:34).

39. Tragen vom privaten Bereich in die Öffentlichkeit und umgekehrt

»Und sie nahmen von Mose all die Gaben, welche die Kinder Israel gebracht hatten für das Werk, zum Dienste des Heiligtums« (2. Mose 36:3).

Die 39 Grundarbeiten sind als Prinzipien zu verstehen, aus denen sich Folgearbeiten ableiten. Alle Folgearbeiten unterliegen am Schabbat dem gleichen Verbot wie die Grundarbeiten.

1. Pflügen

Pflügen beinhaltet alle Arbeiten, die den Boden für die Saat oder Bepflanzung vorbereiten, wie das Umgraben und Düngen, das Entfernen von Steinen, das Ebnen des Bodens, Sand oder Asche auf den Boden streuen, das Fegen, um den Boden zu glätten.

2. Säen

Säen beinhaltet alle Tätigkeiten, die das Wachstum von Pflanzen hervorrufen oder beschleunigen. Dazu gehören das Aussäen von Samen oder das Pflanzen von Setzlingen auf dem Feld und in einem Gefäß, das Zurechtschneiden von Bäumen und Sträuchern sowie Unkrautjäten und Bewässern und das Erneuern von Wasser in einer Blumenvase.

3. Ernten
Diese Arbeit umfaßt alle Tätigkeiten, die eine Pflanze vom Ort des Wachstums entfernen: Das Schneiden oder Pflükken von Blumen, Gräsern, Blättern, Zweigen, Ästen und Früchten, die sowohl auf dem Feld wie auch in einem Blumentopf wachsen. Das Klettern auf Bäume ist verboten, da dadurch ein Ast abgebrochen werden könnte.

4. Bündeln
Diese Melacha umfaßt alle Arbeiten, mit deren Hilfe Naturprodukte gesammelt werden, wie das Bündeln von Garben, das Aufschichten von Obst oder Gemüse zum Lagern oder zum Verkaufen und das Zusammenstellen von Blumensträußen.

5. Dreschen
Diese Melacha umfaßt alle Arbeiten, die ein Naturprodukt – sei es flüssig oder fest – von seiner Schale, Hülse oder Umhüllung befreien. Dazu gehören das Dreschen von Getreide, das Knacken von Nüssen (außer zum momentanen Verzehr), das Auspressen von Früchten, um den Saft zu keltern.

6. Worfeln *7. Auslesen* *8. Sieben*
Diese Melachas umfassen alle Arbeiten, die ein Produkt verbessern, indem man die unerwünschten, minderwertigen Teile entfernt. Dazu gehört das Sieben von Mehl, das Filtern von Flüssigkeiten sowie Abschöpfen und Aussortieren.

9. Mahlen

Diese Melacha bezieht sich auf Tätigkeiten, mit deren Hilfe ein Produkt in kleinere Teile zerlegt wird, um es besser verwenden zu können. Dazu gehört das Mahlen von Getreide, Kaffee und Gewürzen, aber auch das Feilen von Metall und das Zerquetschen und Zerstoßen von anderen Materialien.

10. Kneten

Diese Melacha beinhaltet Arbeiten, die dazu dienen, verschiedene Produkte mit Hilfe von Flüssigkeit zusammenzufügen.

11. Backen

Diese Melacha bezieht sich auf jede Tätigkeit, die ein Produkt durch Hitzeeinwirkung verändert. Dazu gehört das Kochen und Garen von Speisen.

12. Scheren

Diese Melacha beinhaltet alle Arbeiten, die Teile am menschlichen oder tierischen Körper entfernen. Nicht nur das Scheren von Schafswolle ist verboten, sondern auch das Zupfen von Federn, Rasieren und das Schneiden der Fingernägel.

13. Bleichen

Diese Melacha bezieht sich auf alle Tätigkeiten, die dazu dienen, Gewebe zu säubern, sie zu bleichen oder ihnen in irgendeiner Weise Glanz zuzufügen. Das Waschen, Bürsten und Trocknen von Kleidungsstücken oder sonstigem Gewebe gehört auch zu diesen Arbeiten.

14. Zupfen

Diese Melacha umfaßt alle Arbeiten, die kompaktes und verwickeltes Material in einzelne Fasern zerlegen. Dazu gehören das Zupfen und Kämmen von roher Wolle, das Schlagen von Flachsstengeln, um sie in einzelne Fasern zu zerlegen und das Aufwickeln und Ordnen von Fäden.

15. Färben

Diese Melacha beinhaltet alle Arbeiten, die die momentane Farbe, sei sie natürlich oder künstlich, verändern. Dazu gehören sowohl das Färben von Gewebe wie auch das Anstreichen von Wänden, das Auflösen von Farben in Wasser, das Auftragen von Make-up und das Färben der Haare und Wimpern.

16. Spinnen

Diese Melacha beinhaltet Tätigkeiten, die durch Ziehen, Drehen oder Winden aus einem rohen Material einen Faden herstellen.

17. Einspannen der Fäden

18. Zwei Weberknoten machen

19. Weben

Diese Melachas umfassen alle Arbeiten, die aus einem einzelnen Faden ein Gewebe herstellen. Dazu gehören das Weben, Stricken, Häkeln, Stopfen, Sticken und Flechten.

20. Auftrennen

Diese Melacha beinhaltet alle Arbeiten, die dazu dienen, ein Gewebe oder einen Stoff in einzelne Bestandteile aufzulösen.

21. Knoten
Diese Melacha bezieht sich auf das Verbinden von zwei Fäden zu einer Einheit.

22. Auflösen von Knoten
Diese Melacha verbietet die Auflösung von zwei Fäden.

23. Nähen
Diese Melacha verbietet das Verbinden von zwei Materialien, seien sie sich ähnlich oder nicht, mit Hilfe einer dritten Substanz. Dies gilt für das Nähen oder auch Kleben.

24. Reißen
Diese Melacha bezieht sich auf das Trennen von zwei Materialien.

25. Jagen
Diese Melacha bezieht sich auf alle Arbeiten, die die Freiheit eines Tieres einschränken und dieses unter die Kontrolle des Menschen bringen. Das bezieht sich sowohl auf größere Tiere wie auch auf Vögel und Insekten.

26. Schlachten
Diese Melacha bezieht sich auf alle Tätigkeiten, die ein Tier töten oder ihm einen größeren Blutverlust zufügen. Dies gilt für alle Tiere, auch für Fische, Vögel und Insekten.

27. Fellabziehen
Diese Melacha beinhaltet alle Arbeiten, die dazu dienen, die Haut oder das Fell eines Tieres abzuziehen, um es als Produkt weiterzuverwerten.

28. Gerben
Diese Melacha umfaßt alle Arbeiten, die dazu dienen, Rohmaterialien durch chemische Zusätze oder mit Hilfe physikalischer Prozesse haltbarer zu machen. Dies gilt auch für das Konservieren von Speisen, beispielsweise das Einsalzen.

29. Glätten
Diese Melacha beinhaltet alle Tätigkeiten, die durch Reiben, Polieren oder Schleifen ein Produkt glätten. Das gilt nicht nur für Leder, sondern auch für Holz, Metall und andere Stoffe.

30. Bezeichnen
Diese Melacha umfaßt alle Arbeiten, die ein Produkt mit Linien oder anderen Symbolen kennzeichnen, um es später weiterzubearbeiten.

31. Schneiden
Diese Melacha beinhaltet alle Arbeiten, die mit Hilfe eines Gegenstands ein Produkt in einzelne Teile zerlegen.

32. Schreiben
Diese Melacha beinhaltet alle Arbeiten, bei denen haltbare schriftliche Zeichen entstehen. Das gilt für das Schreiben, Malen, Zeichnen und Drucken. Diese Melacha bezieht sich auch auf Vorgänge, bei denen schriftliche Zeichen fixiert werden, zum Beispiel bei Heirat und Scheidung, bei Gerichtsurteilen und beim Kauf und Verkauf.

33. Auslöschen
Diese Melacha verbietet das Löschen von Zeichen.

34. Bauen

Diese Melacha bezieht sich auf alle Aktivitäten, die verschiedene Gegenstände miteinander verbinden, um ihnen eine neue Form oder Struktur zu geben. Darunter fallen alle Formen von Bau- und Renovierungsarbeiten und das Ausbessern von Werkzeugen.

35. Niederreißen

Diese Melacha beinhaltet alle Arbeiten, die nötig sind, um ein Gebäude oder einen festen Gegenstand zu zerstören und in seine Einzelteile zu zerlegen.

36. Feuer anzünden

Diese Melacha bezieht sich auf alle Arbeiten, bei denen in irgendeiner Weise ein Verbrennungsprozeß in Gang gesetzt wird. Das Verbot erstreckt sich auch auf das Einschalten von elektrischem Strom, das Anlassen eines Motors, auf das Rauchen, das Benutzen von Telefon, Radio und Fernseher und das Anzünden einer Gasflamme. Es ist nicht erlaubt, im Auto oder Bus als Fahrer oder Beifahrer zu fahren, zu fliegen oder mit dem Zug zu reisen.

37. Auslöschen des Feuers

Diese Melacha verbietet die Veränderung eines momentanen Energiezustands, zum Beispiel das Auspusten einer Flamme und das Abdrehen des Stroms.

38. Hämmern, letzte Ausbesserung

Diese Melacha bezieht sich auf alle Arbeiten, durch die ein Produkt die letzte Ausbesserung erhält. Beispielsweise das Entfernen von Fäden bei einem neuen Kleid, das Stimmen von Instrumenten und das Aufziehen einer Uhr.

39. Tragen vom privaten Bereich in die Öffentlichkeit und umgekehrt
Diese Melacha umfaßt alle Arbeiten, die einen Gegenstand vom privaten Bereich, zum Beispiel vom Haus oder Garten, in den öffentlichen Bereich, zum Beispiel auf die Straße, tragen und umgekehrt. Das Tragen von Tüten, Taschen und Koffern ist nicht erlaubt.

Im Lauf der Jahrhunderte wurde jede denkbare Tätigkeit daraufhin untersucht, ob sie eine verbotene Melacha ist. Die Bücher, die sich damit beschäftigen, füllen Bibliotheken; jede kleinste Handbewegung wurde diskutiert, untersucht und analysiert. Es würde den Rahmen dieses Buches sprengen, wenn man jede Melacha bis ins kleinste mit der jeweiligen Begründung aufführen würde.
Jegliche Neuschöpfung ist am Schabbat untersagt. Ausgehend vom Bau des Stiftzeltes wurden alle Arbeiten, die den momentanen Zustand der Umwelt durch menschliche Arbeit verändern, mit einem Verbot belegt. Wir sehen, daß der eigentliche Sinn der Schabbatheiligung darin besteht, die Schöpfung am siebten Tag nicht anzutasten, auch nicht zur Freude, Unterhaltung oder Erbauung. Beim Schabbatgesetz geht es nicht darum, physische Anstrengung zu vermeiden, um den Körper für die kommende Arbeitswoche zu schonen, sondern es geht um das Nichtantasten der Natur durch Arbeit. Nur an sechs Tagen darf der Mensch die Umwelt aktiv verändern; am siebten Tag hat die Schöpfung ihr eigenes Recht, das der Mensch respektieren muß. Sein Wille darf die Natur nicht ununterbrochen beherrschen; an einem Tag soll er sich zurückziehen, in sich einkehren und die Umwelt in Ruhe lassen.
Als sich mir zum ersten Mal der Sinn des Schabbatgesetzes eröffnet hat, hielt ich verwundert inne. Ein Gedanke, der

vor dreieinhalbtausend Jahren ausgesprochen wurde, ein Gesetz, das über Jahrtausende hinweg weitergegeben wurde, weil es in jeder Generation Menschen gab, die sich strikt an das göttliche Gebot gehalten haben, ohne danach zu fragen, weshalb Gott dem Menschen das Gebot der Schabbatheiligung auferlegt hat, erfährt in unseren Tagen eine bewegende Bedeutung. Mochten Außenstehende die Schabbatvorschriften noch so lächerlich und vernunftwidrig finden und den Juden absurdes und spitzfindiges Verhalten vorwerfen; so haben die jüdischen Gläubigen das Gesetz dennoch über Jahrtausende zäh und konsequent eingehalten, weil Gott es in der Thora fordert. Sie haben nicht gefragt, ob es sinnvoll, vernünftig, wirtschaftlich oder logisch ist. Sie haben das Gesetz bewahrt, weil sie Gott blind vertrauen und Sein Wort befolgen, ohne zu zweifeln. Unserer Generation sind die Augen aufgegangen, und wir wissen inzwischen, welchen Schaden wir der Natur durch unsere ununterbrochene Aktivität zufügen. Die Begriffe Ökologie und Umweltschutz sind in das Bewußtsein und in den Sprachschatz weiter Bevölkerungsgruppen eingedrungen, denn im Gegensatz zu früheren Generationen können wir nicht mehr sorglos mit der Umwelt umgehen. Wie weitreichend das Vierte Gebot von der Schabbatheiligung ist, beginnt erst unser Jahrzehnt zu ermessen, und verstärkt wird die Menschheit nach spirituellen Wegen suchen müssen, das unentwegte Eingreifen in die Natur einzuschränken. Israel kann hier einen wichtigen Beitrag leisten, wenn es lehrt, wie man sich an einem Tag in der Woche von der Umwelt zurückzieht und die Schöpfung schont.

25. Jüdische Theologen und Poeten preisen den Schabbat

Angesichts der langen Liste der verbotenen Arbeiten könnte man fragen, ob der Schabbat nicht ein furchtbarer Tag ist, an dem der gläubige Jude zur Untätigkeit verurteilt ist und in der Zwangsjacke des Nichtstuns verharren muß. Ist dies nicht ein Tag der Langeweile und der Nutzlosigkeit? Jüdische Theologen, Philosophen und Poeten geben uns eine Antwort. Einige Stimmen will ich an dieser Stelle zitieren.

Rabbiner Samson Raphael Hirsch schreibt:

> Unter allen seinen Gütern, mit welchen das Judentum seine Bekenner beglückt, ist keines so heilig, keines so reich an Segen und Beseligung als das Gut der ältesten Institution der Erde, als das Gut des Schabbats, des jüdischen Schabbats. Nehme dem Juden seinen Schabbat, und ihr habt ihn der reichsten, unschätzbarsten Perle beraubt, und was ihr auch sonst dafür ihm bietet, nichts gibt ihm Ersatz. Nehmet dem Juden seinen Schabbat, und ihr habt ihn freund- und freudeleer gemacht, und wie sich auch sonst die Freunde um ihn drängen mögen und mit welchen Kränzen der Freude ihr ihn auch zieren möget, er findet doch keinen solchen Freund wieder wie den Schabbat; es

schwindet doch die Lust jeder Freude vor dem stillen, süßen, seligen Glück der Schabbatfreude. Denn der Schabbat ist des Juden Perle, denn der Schabbat ist des Juden Freund.[35]

Rabbiner Leo Baeck erläutert:

Die ganze Liebe des Gesetzes hat hegend und pflegend einem gegolten, dem Schabbat. Er gibt, als der Tag der Ruhe, dem Leben sein Gleichgewicht, seinen Rhythmus, er trägt die Woche. Ruhe ist ein ganz anderes als Rast, als Arbeitsunterbrechung, ein ganz anderes als Nichtarbeiten. Die bloße Rast gehört wesentlich in das Physische, in das Irdische und Alltägliche. Die Ruhe ist ein wesentlich Religiöses, sie ist in der Atmosphäre des Göttlichen, sie führt zum Geheimnis hin, zu dem Grunde, von dem auch alles Gebot kommt. Sie ist das Wiedererschaffende und Versöhnende, die Erholung, in der die Seele sich zurückholt, das Atemholen der Seele – das Schabbatliche des Lebens.[36]

Rabbiner Nathan Peter Levinson führt aus:

Der Schabbat ist die Verbindung ethischer Normen mit einer geistigen Disziplin. In seinen kontemplativen Aspekten ist er das biblische Pendant zur Meditation. Sein Ziel ist nicht das Nichtstun, sondern die Regeneration. In der jüdischen Tradition erscheint er als Juwel, als Prinzessin, deren Besuch ungeahnte Freuden vermittelt. Er ist die Ewigkeit in der Zeit oder, wie der so früh verstorbene amerikanisch-jüdische Theologe und Philosoph Abraham Jehoschua Heschel ihn beschreibt, eine Kathedrale, nicht aus Stein und Glas, sondern aus Stunden und Minuten. Er ist heiliges

> Symbol, das nicht vernichtet werden kann. Er erscheint wöchentlich und lädt uns ein, nicht zu jagen nach Erfolg und Gewinn, sondern zu erfahren und zu wissen, daß Gott gut ist und die Welt und was in ihr ist, auf das wir uns ihrer erfreuen und andere teilnehmen lassen an unserer Freude.[37]

Rabbi Schimeon ben Lakisch lehrt:

> Gott haucht dem Menschen am Vorabende des Schabbats eine zweite Seele ein, die ihm nach Schabbatausgang wieder entzogen wird, denn es steht geschrieben: »Er ruhte und zog sich zurück« (2. Mose 31:17) – das heißt, nachdem der Ruhetag zu Ende ist, ruft der Mensch: Wehe, dahin ist die Seele.[38]

Den Gedanken vom Auswechseln der Seele hat Heinrich Heine in seinem Lied von der Prinzessin Schabbat bildhaft beschrieben. In dem Gedicht vergleicht er das Schicksal des Volkes Israel in der Diaspora mit dem unwürdigen Schicksal eines verzauberten Prinzen in Hundegestalt, der, verstoßen und getreten, zwischen den Wirtsvölkern dahinvegetiert. An einem Tag in der Woche, am Schabbat, fällt der böse Zauber ab und eine wunderbare Verwandlung tritt ein:

> Aber jeden Freitag Abend
> In der Dämmrungstunde, plötzlich
> weicht der Zauber und der Hund
> wird auf's neu ein menschlich Wesen
>
> Mensch mit menschlichen Gefühlen
> Mit erhobnem Haupt und Herzen

Festlich, reinlich schier gekleidet
Tritt er in des Vaters Halle.

Lecho Daudi Likras Kalle
Komm Geliebter, deiner harret
Schon die Braut, die dir entschleiert
Ihr verschämtes Angesicht.

Perl und Blumen aller Schönheit
Ist die Fürstin. Schöner war
Nicht die Königin von Saba
Salomonis Busenfreundin.

Doch der schöne Tag verflittert,
Wie mit langen Schattenbeinen,
kommt geschritten der Verwünschung
böse Stund' – es seufzt der Prinz.

Ihm ist doch, als griffen eiskalt
Hexenfinger in sein Herze.
Schon durchrieseln ihn die Schauer
Hündischer Metamorphose.

Die Prinzessin reicht dem Prinzen
Ihre güldne Nardenbüchse.
Langsam riecht er – will sich laben
Noch einmal an Wohlgerüchen.

Es kredenzet die Prinzessin
Auch den Abschiedstrunk dem Prinzen –
Hastig trinkt er, und im Becher
Bleiben wen'ge Tropfen nur.

Er besprengt damit den Tisch,
Nimmt alsdann ein kleines Wachslicht,
Und er tunkt es in die Nässe,
Daß es knistert und erlischt.[39]

Der ostjiddische Schriftsteller Mendele Mocher Sforim schildert eine Schabbatszene mit folgenden Worten:

> Am Freitag bekommt das elende Loch ein ganz anderes Aussehen: Jedes Winkelchen ist sauber und rein gewaschen. Der Tisch ist mit einem weißen Tischtuch gedeckt, darauf stehen geputzte Messingleuchter mit den Schabbat-Kerzen; zwei schöne, mit Eidotter bestrichene Festtags-Striezel strahlen und entzücken die Augen. Im Hause herrscht süße Ruhe, es duftet nach gedünsteten Speisen, die mit einem Kissen bedeckt auf dem Ofenvorsatz stehen. Die Mutter, die ganze Woche über rußgeschwärzt und elend, strahlt im Schabbes-Schleier; Anmut ruht auf ihr. Die bloßfüßigen Mädeln, gekämmt und gewaschen, stekken in einem Winkel beieinander; man sieht es ihren Gesichtern an, daß sie etwas mit frohem Herzen erwarten und erharren. Psst! Man hört Schritte... man kommt... die Tür öffnet sich. »Guten Schabbes!« sagt Schmilek, aus der Schul' kommend und blickt freundlich mit strahlendem Gesicht auf seine Frau und auf die Kinder. »Guten Schabbes!« sagt Moischale laut; er kommt schnell, wie mit einer guten Botschaft, hereingelaufen. Und der Vater und der Sohn beginnen beide, im Zimmer auf- und abgehend, den Engelsgruß zu singen. So empfangen sie die heiligen Engel, die der Herr schickt, der König aller Könige, der Heilige, er sei gepriesen, und die sie aus der Schul' heimbegleitet haben.[40]

Dies ist nur eine winzige Auswahl von Textstellen. Man kann Regale mit Beschreibungen füllen, die Zeugnis von dem metaphysischen Erlebnis des Schabbats ablegen. Diejenigen, die den Schabbat kennen und feiern, betonen immer wieder die seelische Erholung, die geistige Erneuerung, die Freude und die Wonne, die sie durch den Schabbat erleben. Mit überschwenglichen Worten schildern sie, wie der Schabbat die Seele erhöht und wie trüb das Herz wird, wenn dieser heilige Tag entschwindet. Braut, Prinzessin, Königin, Quelle der kommenden Welt wird der Schabbat genannt, und anschaulich stellen die Autoren dar, wie dieser göttliche Ruhetag den Feiernden aus der Welt der Sorge, der Unsicherheit und der Armut heraushebt, und ihn mit Zuversicht und Heiligkeit erfüllt, indem er den göttlichen Funken in der Seele zum Leuchten bringt.

26. Die Zurückweisung des Schabbats in der christlichen Tradition

Wenn den Schabbat ein so wunderbares Geheimnis umgibt, warum hat das Christentum, das von der jüdischen Wurzel ausging, nicht versucht, dieses Geheimnis zu ergründen? Christliche Theologen haben, bis auf wenige Ausnahmen, keine Anstrengungen unternommen, den Schabbat zu verstehen, aber auch viele Juden, die die Bindungen zur jüdischen Religion verloren haben, können ihn nicht begreifen.

Rabbiner Chaim Halevy Donin beschreibt in einem anschaulichen Gleichnis die Schwierigkeit, das Wesen des Schabbats einem Außenstehenden zu erklären:

> Dem Gefühl, das einen am Schabbat überkommt, Ausdruck zu verleihen, ist, als wolle man einem Blinden einen herrlichen Sonnenuntergang beschreiben. Wie wortreich man auch sein mag, das Gefühl des Entzückens, das ein sehender einfacher Mensch beim Anblick solcher Schönheit empfindet, kann niemals völlig wiedergegeben werden, auch nicht durch einen großen Dichter. Wenn man Juden, die den Schabbat halten, von außen her beobachtet, kann das mit dem Anblick verglichen werden, den ein Tauber hat, wenn er zusieht, wie Menschen zur Musik eines un-

sichtbaren Orchesters tanzen. Da er die Musik nicht hört, kann der taube Mann leicht die Tänzer für eine Gruppe von Menschen halten, die verrückt geworden sind. Natürlich hört er die Musik nicht, und so sind die durch die Musik stimulierten Bewegungen der anderen ihm unverständlich und lassen ihn kalt. Und so mag der Schabbat mit seinen Beschränkungen einen Zuschauer kalt lassen – bis er Gelegenheit erhält, an diesem Erlebnis teilzunehmen. Erst dann mag es ihm aufgehen, daß das, was er als lästig und unbequem angesehen hatte, in Wirklichkeit köstlich und angenehm ist und mit Freude erwartet wird.[41]

Das Auffallende bei den jüdischen Autoren ist, daß sie sich in der Regel an den jüdischen Leser wenden, der zumindest eine Ahnung von der Bedeutung des Schabbats hat. Daneben existiert genügend Informationsmaterial für Theologen oder Geisteswissenschaftler, die sich von Berufs wegen mit dem Judentum auseinandersetzen. Die meisten Abhandlungen über den Schabbat führen die Bräuche und die Gebete auf; sie geben aber keine Hinweise darauf, wie beispielsweise ein Nichtjude an diesem geistigen Erlebnis teilhaben könnte. Sie behandeln den Schabbat, als wäre er einzig und alleine dem Volk Israel vorbehalten.
In den talmudischen Erzählungen kommt diese Haltung explizit zum Ausdruck. Der Gefährte des Schabbats ist das Volk Israel.

Rabbi Schimeon ben Jochai lehrte: Der Schabbat beschwerte sich vor Gott und sprach: Herr der Welt, alle Wochentage haben einen Partner, bloß ich bin vereinsamt! Da sagte Gott zu ihm: Israel soll dein Partner (Lebensgefährte) sein. Als nun späterhin die Kinder Israels am Berge Sinai die Thora empfingen, sprach Gott zu ihnen: Seid der Zusicherung eingedenk, die ich einst dem Schabbat gegeben habe. Dies ist der Sinn des Gebots: Gedenke des Schabbattages, ihn zu heiligen.[42]

Das Verb »heiligen« in dem Gebot »Gedenke des Schabbattages, ihn zu heiligen« (2. Mose 20:8), weist auf die Zeremonie einer Eheschließung hin. Der Mann verbindet sich mit der Frau, indem er vor Zeugen zu ihr sagt: »Mit diesem Ring bist Du mir angeheiligt nach dem Gesetz Moses und Israels«. Mit dem Verb »heiligen« wird die innige Verbindung Israels zum Schabbat ausgedrückt, die einer ehelichen Gemeinschaft gleicht. Israel und der Schabbat gehören zusammen wie Mann und Frau.
Eifersüchtig wachen die Juden über die Schabbatheiligung als ihren geistigen Schatz, während sich gleichzeitig das Christentum in seiner Zurückweisung des Schabbats auf das Neue Testament beruft.
Zwei Szenen im Markus-Evangelium erzählen über das Ährenraufen und die Heilung eines Mannes am Schabbat.

Und es begab sich, daß er am Sabbat durch ein Kornfeld ging, und seine Jünger fingen an, während sie gingen, Ähren auszuraufen.
Und die Pharisäer sprachen zu ihm: Sieh doch! Warum tun deine Jünger am Sabbat, was nicht erlaubt ist?
Und er sprach zu ihnen: Habt ihr nie gelesen, was David tat, als er in Not war und ihn hungerte, ihn und die bei ihm waren:
Wie er ging in das Haus Gottes zur Zeit Abjatars, des Hohenpriesters, und aß die Schaubrote, die niemand essen

> darf als die Priester, und gab sie auch denen, die bei ihm waren?
> Und er sprach zu ihnen: Der Sabbat ist um des Menschen willen gemacht und nicht der Mensch um des Sabbat willen. So ist der Menschensohn ein Herr auch über den Sabbat (Markus 2:23–28).
> Und er ging abermals in die Synagoge. Und es war dort ein Mensch, der hatte eine verdorrte Hand.
> Und sie lauerten darauf, ob er auch am Sabbat ihn heilen würde, damit sie ihn verklagen könnten.
> Und er sprach zu dem Menschen mit der verdorrten Hand: Tritt hervor!
> Und er sprach zu ihnen: Soll man am Sabbat Gutes tun oder Böses tun, Leben erhalten oder töten? Sie aber schwiegen still (Markus 3:1–4).

Diese Textstellen vermitteln den Eindruck eines unbarmherzigen Gesetzes, dessen starre Form wichtiger als Menschenleben ist. Generationen von Christen haben über den Schabbat nichts anderes erfahren, als daß es sich um ein grausames Gesetz handelt, fern jeder Nächstenliebe, von Menschenverachtung und Kaltherzigkeit geprägt.
Ob dies aus Unkenntnis geschah, oder um sich bewußt vom Judentum abzugrenzen, weiß ich nicht. Es wurde übersehen, daß Lebensrettung am Schabbat im Judentum verpflichtend ist und das Schabbatgesetz außer Kraft setzt.
Im Talmud wird folgende Erläuterung zur Lebensrettung gegeben:

> Man sei am Schabbat um Lebensrettung besorgt, und zwar je eifriger, siehe, desto lobenswerter ist es. Und es ist nicht

> nötig, erst vom Gerichtshof Erlaubnis einzuholen. Wie denn? Hat einer gesehen, daß ein Kind ins Meer gefallen ist, wirft er ein Netz aus, damit er es heraufschaffe, und zwar je eifriger, siehe, desto lobenswerter ist es. Und es ist nicht nötig, erst vom Gerichtshof Erlaubnis einzuholen, obwohl er dabei Fische mitfängt. Hat einer gesehen, daß ein Kind in eine Grube gefallen ist, bricht er einen Teil derselben ein, damit er es heraufschaffe, und zwar je eifriger, desto lobenswerter ist es. Und es ist nicht nötig, erst vom Gerichtshof Erlaubnis einzuholen, obwohl er dabei eine Treppe errichtet. Hat einer gesehen, daß vor einem Kind eine Türe verschlossen wurde, zertrümmert er sie und führt es heraus, und zwar je eifriger, siehe, desto lobenswerter ist es. Und es ist nicht nötig, erst vom Gerichtshof Erlaubnis einzuholen, obwohl er dabei absichtlich Holz zerkleinert. Man löscht und isoliert am Schabbat bei einer Feuersbrunst, und zwar je eifriger, siehe, desto lobenswerter ist es. Und es ist nicht nötig, erst vom Gerichtshof Erlaubnis einzuholen, obwohl er dabei Flammen niederdrückt.[43]

Die Lebensrettung nimmt eine wichtige Position in der Diskussion um die Schabbatvorschriften ein; das Leben und die Gesundheit des Menschen stehen in jedem Fall über dem Schabbat.

> Rabbi Jonathan, Josephs Sohn, sagt: Ja, heilig sei er für euch. Er ist also euren Händen übergeben, und nicht seid ihr seinen Händen übergeben.[44]

Die Auslegung der Schabbatvorschriften ist keineswegs eine abgeschlossene, in den Büchern festgelegte Diskussion, sondern muß immer wieder neu angewandt werden. Im

Winter 1992 herrschten in Jerusalem starke Schneeverwehungen, und die Stromleitungen, die in vielen Wohngegenden über Land verlegt sind, wurden schwer beschädigt. Ununterbrochen war das Elektrizitätswerk mit dem Reparieren der Leitungen beschäftigt. Ausdrücklich erlaubte das Rabbinat in Jerusalem, unter Hinweis auf das Gebot der Lebensrettung, die Reparaturarbeiten am Schabbat fortzuführen, und setzte die Schabbatvorschriften für die Arbeiter des Elektrizitätswerks außer Kraft.

Die Zurückweisung des Schabbats in der christlichen Tradition kommt auch in dem Begriff »Hexensabbat« zum Ausdruck. Hexen, Exzesse, Teufel und Zügellosigkeit werden mit dem Wort Sabbat assoziiert. Demzufolge kann der Schabbat nicht nachahmenswert sein, sondern nur Ablehnung hervorrufen. Und so treffen zwei Haltungen aufeinander, die verhindern, daß die Idee des Schabbats in der christlichen Lehre Eingang findet: Das Judentum, das sich als Partner des Schabbats sieht und kein Interesse hat, diese Partnerschaft zu teilen, und das Christentum, das festgefahrene Vorurteile über den Charakter des Schabbats pflegt. Die Kirche unterließ es, das Wesen des Schabbats zu ergründen und fragte nicht, warum er seit der Verkündung der Zehn Gebote bis auf den heutigen Tag für viele Menschen nichts von seiner Kraft eingebüßt hat.

Öfter bin ich auf dieses Kapitel angesprochen worden, und mir wurde versichert, daß sich in den letzten Jahren eine veränderte Haltung seitens der Kirche abzeichnet, und dazu möchte ich aus zwei Briefen zitieren. Ein von mir sehr geschätzter evangelischer Theologe führt aus:

»Im übrigen darf ich sagen, daß fast jeder evangelische Pfarrer, wenn er heute über einen neutestamentlichen Sabbat-Text zu predigen hat, auf das Zerrbild eines toten jüdischen Sabbat verzichtet und daß er seine Predigt damit beginnen wird, daß er erst einmal den Sabbat als das große Geschenk, das Gott seiner Menschheit durch die Juden gegeben hat, heraushebt.«

Ein Mitarbeiter eines Katholischen Bildungswerkes schrieb mir:

»Sehr deutlich stimme ich mit Ihnen darin überein, daß gerade die Faszination des Schabbats für die Menschen in hektischer Postmoderne eine neue Chance und Perspektive eröffnet.«

27. Am Schabbat ist die Sorge machtlos

Bestünde der Schabbat nur aus einer Anreihung von unerlaubten Tätigkeiten, dann wäre er ein schwerer, leerer und langweiliger Tag. Läge die Heiligung des Schabbats nur im Verbot, dann wäre dieser Ruhetag eine Strafe und keine Erholung. Zweimal wird das Vierte Gebot in der Thora erwähnt. Einmal heißt es: »Gedenke des Schabbattages«, und das andere Mal: »Hüte den Schabbattag«.

Das Unterlassen von Arbeit macht den Schabbat nicht allein aus; ebenso wichtig ist das Gedenken und Erinnern und die geistige Auseinandersetzung mit Gottes Wort. Der Schabbat ist der Tag der inneren Einkehr, der Abwendung vom Alltag; der Tag, an dem die Ruhe in die Seele Einlaß findet und sie sich der Hektik, den Sorgen und dem Druck der Woche entzieht.

Zu jedem Schöpfungsprozeß gehört der Moment, in dem der Schöpfer entscheidet, daß das Werk vollendet ist. Der Abschluß eines Werkes ist ein Teil des Schöpfungsprozesses; danach wird das Geschaffene in Ruhe gelassen und der Öffentlichkeit übergeben. Die Betrachter drücken ihre Bewunderung durch Beschauen und Worte aus, aber keiner käme auf die Idee, ein ausgestelltes Gemälde oder die Skulptur eines Künstlers anzufassen, an ihnen herumzubasteln und sie nach seinem Gutdünken zu verändern. Ähnlich verhält es sich mit der Natur am Schabbat. Das göttliche Schöpfungswerk wurde durch sechs Tage der Arbeit geschaffen und am siebten Tag durch Ruhe vollendet. Am siebten Tag drückt das Judentum seine Bewunderung und seinen Respekt vor der Schöpfung aus, indem es den Gläubigen untersagt, das göttliche Kunstwerk, die Natur, anzutasten.

> Indem wir am siebten Tag von jeglicher Arbeit absehen, bezeugen wir, daß die Welt nicht uns gehört, daß nicht wir, sondern Gott der Herr und Schöpfer des Weltalls ist. Die Fische und die Tiere, die wir nicht fangen, die Pflanzen und Blumen, die wir nicht schneiden oder pflücken, das Gras, das wir an diesem Tag nicht begießen, die Stoffe, die wir nicht nähen oder zuschneiden – all diese Untätigkeit des einzelnen ist eine Demonstration der Huldigung des Herrn, als ob wir alles Seinem Reiche zurückgäben.[45]

Im Schabbat manifestiert sich das Andenken an den Auszug der Kinder Israels aus Ägypten, der Schritt aus der Sklaverei in die Freiheit. Die Seele soll am siebten Tag nicht durch Alltagsprobleme und -sorgen gefangen und versklavt, durch Arbeitsverpflichtungen gebunden oder durch Termine gehetzt werden. Seit Jahrtausenden üben sich die religiösen Juden darin, alles Beschwerende, Unangenehme, Problematische und Düstere am Schabbat von sich zu schieben. Jeder von uns kennt Zeiten, in denen die Sorgen schwer auf dem Gemüt, wie die Peitsche des Antreibers auf dem Rücken der Sklaven, lasten. Mit dem Anzünden der Kerzen wird am Schabbat das Licht der inneren Freiheit angesteckt, die Probleme bleiben jenseits des heiligen Tages. Wir können die Schwierigkeiten, die uns bekümmern, nicht immer beseitigen, und sorgenvolle Gedanken verdunkeln häufig die Seele. Manches löst die Zeit, an anderen Problemen müssen wir arbeiten. Am Schabbat werden sie jedoch einfach beiseite geschoben. Es ist eine wöchentliche Übung, um die Seele zu beruhigen. Zwischen dem Licht der Schabbatkerzen am Freitagabend bis zum Licht des Hawdalasegens am Samstagabend wird die Wochentagsseele ausgewechselt. Alles, was mit Arbeit und bedrückenden Problemen zusammenhängt, wird geistig zur Seite gelegt. Der Schabbat ist ein sorgenfreier Raum. Es ist nicht zuletzt die psychische Fähigkeit der Juden, spirituell in eine andere Dimension einzutauchen, die die nie nachlassende Kraft des Schabbats ausmacht. Die Riten und Bräuche helfen dem Gläubigen, diese seelische Veränderung herbeizuführen. Die Sorgen kehren nach Schabbatausgang wieder, aber an dem siebten Tag haben sie keine Macht über die Seele. Einen ganzen Tag lang bewegt sie sich im sorgenfreien Raum, sie beschäftigt sich mit heilen und heiligen Gedanken und befindet sich nicht in der Sklaverei der Arbeit und des Trübsinns.

28. Der Heilige Abend der Woche

Sowohl der Körper als auch die Seele werden auf den Ruhetag eingestimmt. Der Freitag dient zur Vorbereitung und wird deswegen der Rüsttag genannt.

> Und es geschehe, am sechsten Tage, wenn sie zubereiten, was sie einbringen. So soll es das Doppelte sein gegen das, was sie sammeln tagtäglich (2. Mose 16:5).

In Anlehnung an den biblischen Brauch, am Freitag für zwei Tage das Manna einzusammeln, um eine entsprechende Portion für den Schabbat bereitzustellen, dient der Freitag in der Hauptsache zur Vorbereitung der Schabbatmahlzeiten. Drei feierliche Mahlzeiten sind am Schabbat üblich, eine am Freitagabend, die zweite am nächsten Morgen nach der Rückkehr aus der Synagoge und die dritte vor Schabbatausgang.

> Höher als alle anderen Segnungen des Lebens stand den beiden der Schabbat. Jeden Freitagmittag pflegte Schmul-Leibele sein Werkzeug beiseite zu legen und mit der Arbeit aufzuhören. Stets war er beim rituellen Bad einer der ersten, und gemäß den vier Buchstaben des heiligen Namens

> tauchte er viermal im Wasser unter. Er half auch dem Synagogendiener, die Kerzen in den mehrarmigen Decken- und Standleuchter zu stecken. Schoche knauserte die ganze Woche, aber für den Schabbat wurde ihr nichts zu teuer. In den heißen Ofen schob sie die Kuchen, Gebäck und das Schabbatbrot. Zur Winterszeit machte sie einen Auflauf aus Hühnerhals, gefüllt mit Teig und ausgelassenem Fett. Im Sommer bestand ihr Auflauf dagegen aus Reis oder Nudeln, gedünstet in Hühnerfett und mit Zucker und Zimt bestreut. Das Hauptgericht bildeten Kartoffeln, Buchweizen oder auch Perlgraupen mit Bohnen und in der Mitte prangte unfehlbar ein richtiger Markknochen. Um sicher zu gehen, daß das Gericht auch wirklich gar wurde, verstopfte sie die Ofenritzen mit einzelnen Teigstreifen. Schmul-Leibele ließ jeden Bissen langsam auf der Zunge zergehen, und bei jeder Schabbatmahlzeit pflegte er zu versichern: »Ach Schoche, mein Lieb, das könnte einem König nicht besser munden! Ein richtiger Vorgeschmack vom Paradies!« Worauf Schoche erwiderte: »Greif nur ordentlich zu! Möge es deiner Gesundheit zustatten kommen!«[46]

Um den feierlichen Charakter der Mahlzeiten zu betonen, wird der Tisch mit einem weißen Damasttuch geschmückt und in die Mitte die Leuchter gestellt. Zwei Hefezöpfe werden aufgelegt, die die doppelte Portion Manna, die die Kinder Israel in der Wüste gesammelt haben, symbolisieren. Ein Tuch bedeckt die geflochtenen Brote, und eine Weinflasche steht neben einem Pokal, dem Kidduschbecher. Kerzen, Brot, Salz und Wein bilden die unverzichtbare Grundlage jeder Schabbateingangsmahlzeit. Weizen, der Olivenbaum und die Weinrebe waren die wichtigsten Kulturpflanzen des antiken Israels. In den Hefezöpfen, die aus Weizenmehl

hergestellt werden, im Wein und in den Kerzen – früher wurden mit Olivenöl getränkte Lampen angezündet – wurde am Schabbat die Verbundenheit des Volkes Israel mit dem Land Israel ausgedrückt.
In festlichen Kleidern versammelt sich die Familie um den Tisch. Die Mutter zündet die Kerzen an, breitet die Hände über das Licht, als wolle sie das Leuchten einfangen, bedeckt danach mit den Handflächen ihre Augen und spricht den Lichtersegen: »Gelobt seist Du, Herr, unser Gott, König der Welt, der Du uns geheiligt hast durch Deine Gebote und uns geboten hast, das Schabbatlicht zu entzünden.« Mit diesem Segen tritt der Schabbat ein.
Nun folgt der Gang in die Synagoge zum Abendgebet. Verpflichtend ist der Besuch nur für die Männer, Frauen können teilnehmen, müssen aber nicht beim Gottesdienst anwesend sein.
Die anschließende Mahlzeit wird durch Gesänge und den Kiddusch, die Segenssprüche über Wein und Brot, eingeleitet:

> Alte Tradition läßt bei der Rückkehr aus der Synagoge das Lied des Schabbatfriedens singen: Friede mit euch, dienende Engel, Engel des Höchsten, die ihr kommet vom König der Könige, dem Heiligen, gepriesen sei er.
> Daran schließt sich der 31. Spruch aus den Sprüchen Salomons von dem wackeren Weibe. Nun folgt die ›Heiligung‹ des Tages, der ›Kiddusch‹. Der Segensspruch, den jedes Gebetbuch enthält, kann – wie in der Synagoge – über den emporgehobenen Becher Weines gesprochen werden oder über die Brote. Im ersten Falle bedeckt man die Brote mit einem Tuch. Dann, wenn der Segensspruch über den Wein gesagt ist, hebt man das Tuch ab, fährt mit dem Messer

über die Brote und sagt den Segensspruch übers Brot. Jeder Tischgenosse erhält ein Stück von dem angeschnittenen und mit Salz bestreuten Brot. Dies soll an die Sätze aus den ›Sprüchen der Väter‹ (6,4) gemahnen, daß Brot mit Salz zu essen um solcher Anspruchslosigkeit willen ein Weg zur Thora ist. Jeder der Tischgenossen sagt nun seinerseits den Segensspruch über das Brot, das Er aus dem Boden wachsen läßt.[47]

Es ist üblich, durch Singen dem Schabbatmahl eine fröhliche Note zu geben. In den Liedern wird die Schabbatruhe und -freude verherrlicht; sie fördern die intime Stimmung des Abends. Jede Familie entwickelt ihren persönlichen Rhythmus und ihre eigene Lautstärke. Nicht das einzelne Individuum begrüßt den Schabbat, sondern die kleine familiäre Gruppe gemeinsam heißt den heiligen Tag willkommen.

Der familienbezogene Charakter dieses Festes wird durch die Teilung der Segenssprüche unterstrichen. Den Lichtersegen spricht die Frau, den Weinsegen der Mann. Beide Segen sind unverzichtbare Bestandteile der Zeremonie, beide sind von gleicher Wertung und Wichtigkeit. Mann und Frau empfangen zusammen mit den Kindern den heiligen Tag. Da Telefonieren, Fernsehen oder Radiohören nicht erlaubt sind, bleibt der intime Charakter der Familie unangetastet. Die äußeren Einflüsse sind ausgeschaltet, und die Familienmitglieder werden nicht abgelenkt.

Die Zeremonien und Bräuche des Schabbats sondern den Freitagabend von den anderen Abenden ab; sie trennen zwischen Heiligem und Profanem. Die Qualität des Schabbatessens, das sich von den sonstigen Mahlzeiten der Woche unterscheiden soll, die Schabbatkleider, die an anderen

Tagen nicht angelegt werden, das Kerzenlicht und die Segnungen des Brotes und des Weines helfen dem Menschen, aus seiner Alltagsstimmung und -hektik in eine andere Atmosphäre hinüberzugleiten. Die Riten ermöglichen ihm, seine Seele in einen Ruhezustand zu bringen und vom stressigen Druck der Woche Abstand zu gewinnen.

Der Freitagabend ist für den gläubigen Juden im wahrsten Sinne des Wortes der Heilige Abend der Woche und erfüllt eine wichtige soziale Funktion in der Familie. Mann und Frau sind keine Einheit. Zwei fremde Menschen treffen sich und beginnen ein gemeinsames Leben. Liebe allein genügt nicht, Alltag und Streß zerreiben im Lauf der Zeit das lodernde Gefühl. Deswegen müssen sie Brücken bauen, die es ihnen ermöglichen, den langen Lebensweg Seite an Seite zu gehen. Tradition und Bräuche helfen uns dabei. Genauso wie wir Technik und wissenschaftliche Erkenntnisse von einer Generation zur nächsten übergeben, können wir von der vorhergehenden Generation bewährte Lebensformen lernen. Im Judentum ist der Schabbat mit seinen Bräuchen eine Lebenshilfe, um die Familie zusammenzuhalten. Dieses intime Familienfest schweißt die kleine Gruppe zu einer Einheit zusammen.

Mann und Frau nehmen verschiedene Aufgaben wahr, und wenn ein Partner fehlt, ist das Fest gestört. Die Mutter segnet mit den Mädchen die Kerzen, der Vater mit den Söhnen den Wein und das Brot. Die Rollen werden nicht vertauscht, jeder kennt seinen Platz und weiß, wo er steht, und die Harmonie des Abends ergibt sich aus dem bewährten Zusammenspiel der Partner.

Die hebräischen Buchstaben, aus denen sich der Gottesname zusammensetzt, gelten als heilige Buchstaben. In den Wörtern Isch (Mann) und Ischah (Frau) kommt jeweils ein heiliger Buchstabe vor. Wenn man diese Buchstaben aus den Worten streicht, bleibt in beiden Fällen das Wort Esch (Feuer) übrig. Der Sinn, der dahinter verborgen liegt, besagt, daß, wenn zwischen Mann und Frau nichts Heiliges vorhanden ist, wenn der gemeinsame Glaube an ein höheres Ziel fehlt, und jeder nur seine eigenen Interessen im Auge hat, das Feuer zwischen ihnen ausbricht, das sie beide letzten Endes verzehren wird.

Bevor ich nach Israel auswanderte, war ich eine begeisterte Anhängerin der Feministischen Bewegung. Ununterbrochen führte ich die weiblichen Schlagworte der siebziger Jahre wie Emanzipation, sexuelle Befreiung, Selbstverwirklichung und Persönlichkeitsentfaltung im Munde. In der Eckenheimer Landstraße befand sich ein Frauentreffpunkt, und wir kamen in der Altbauwohnung zusammen, saßen im Kreis auf ausrangierten Sofas und klagten uns gegenseitig unser Leid. Ob verheiratet oder alleinstehend, jede von uns hatte Beziehungsschwierigkeiten, und gemeinsam nahmen wir den Kampf gegen die Männer auf. Der Feind war der eigene Partner, der Kampfplatz war die Wohnung und das Schlachtfeld das Ehebett. Reihum zerbrachen die Beziehungen, die Ehen wurden geschieden und die Kinder zwischen den Partnern zerrissen. Auffallend war der hohe Anteil an intellektuellen, selbständigen Frauen in der Frauenbewegung. In Israel habe ich mich geistig meilenweit von meinen damaligen Ansichten entfernt.

Ich lehne die Frauenbewegung nicht pauschal ab. Wichtige Forderungen, wie gleicher Lohn für gleiche Arbeit und die politische Aktivität von Frauen, unterstütze ich jederzeit und erkenne den entscheidenden Beitrag, den die Frauenbewegung in diesem Bewußtseinsprozeß geleistet hat, an. Gleichzeitig hat sie sich in ihrer radikalen Form zerstörerisch auf die Beziehungen zwischen Mann und Frau ausgewirkt. In jeder Partnerschaft entstehen auf die Dauer Schwierigkeiten, und es müssen weite Strecken der Frustration überwunden werden. Die feministische Ideologie hat nicht versucht, Ecken abzuschleifen und Wege zum Zusammenleben zu finden, sondern sie hat ganz im Gegenteil die Waffen geschärft und den Kampf zwischen den Geschlechtern unterstützt. Ich habe damals in Frankfurt keine gesellschaftlichen Normen gefunden, die helfen konnten, die Familien zusammenzuhalten. Die unentwegte öffentliche Nörgelei über sexuelle Frustration, der Überfluß an Technik und die Sucht nach Genuß führen zu einer tiefen gesellschaftlichen Vereinzelung.

In Frankfurt habe ich niemals den Schabbat willkommen geheißen, Kerzen am Freitagabend angezündet oder mit meiner Familie »Kiddusch« gemacht. Geradezu lächerlich wäre ich mir vorgekommen, solch antiquierte Riten zu vollziehen. Auch in Israel habe ich zunächst keinen Brauch eingehalten, bis eines Tages meine damals fünfjährige Tochter mich fragte:

»Warum werden bei anderen Kindern am Freitagabend Kerzen angezündet und bei uns nicht?«

»Warum nehme ich die Bräuche meines Volkes nicht an?«, überlegte ich und hatte gleich die Antwort parat:

»Religion und Glaube spielen für mich keine Rolle.«

Aber muß man denn, um am Freitagabend den Schabbat willkommen zu heißen, ein gläubiger Jude sein? Um mich in das soziale Gefüge Israels einzugliedern und den Kindern das Gefühl zu geben, daß die Kultur des Landes auch ihre Kultur ist, begann ich am Freitag ein mehrgängiges Essen vorzubereiten und den Abend mit dem Lichtersegen einzuleiten.

Der Schabbat hat seine eigene Kraft und diese feierliche Familienmahlzeit ihren besonderen Zauber. Welch wunderbare Kraft strömt das gemeinsame Lied aus, der Gesang, der aus der Seele kommt. Es spielt keine Rolle, ob es für fremde Ohren schön oder falsch klingt. Die Intimität des gemeinsamen Gesangs ist ein tiefes emotionales Familienerlebnis. Ich habe gemerkt, daß die intime Gemeinsamkeit gestört wird, wenn Gäste anwesend sind. Vor fremden Ohren singt man verhaltener, schamhafter, im engen Kreis der Familie ausgelassener und fröhlicher.
Vor kurzem sprach ich mit einem befreundeten Künstler, der viele Jahre in Paris gelebt und, übersättigt vom bohemienhaften Leben, den Weg zurück zur Religion gefunden hatte und nach Jerusalem übergesiedelt war. »Ich weiß nicht, wie ich früher ohne den Schabbat gelebt habe«, sagte er mir. »Den ganzen Freitag sind meine Frau und ich mit der Vorbereitung beschäftigt. Sobald die Sirene ertönt, die den Schabbat einläutet, und meine Frau die Kerzen anzündet, überkommt mich eine Ruhe, wie ich sie niemals in der Woche spüre. Wir stellen kein Radio und keinen Fernseher an; in diesen Stunden existieren keine Nachrichten, die äußere Welt ist ausgeschlossen. Der Schabbat gehört meiner Frau, den Kindern und mir. Niemals spüre ich die Kraft und den Zusammenhalt der Familie mit der gleichen Intensität wie am Schabbat, wenn wir, unbelästigt von äußeren Einflüssen, uns nur mit uns und unseren Gedanken beschäftigen.«
Der Schabbat wird nicht nur durch besondere Riten willkommen geheißen, sondern auch durch alte Bräuche verabschiedet. Diese Abschiedszeremonie nennt man Hawdala, die Unterscheidung. Eine geflochtene Kerze, die mit zwei Dochten brennt, eine Gewürzbüchse mit wohlriechenden

Kräutern und ein gefüllter Weinbecher sind die sakralen Kultgegenstände der Schabbatverabschiedung. Die Kerze, das erste Licht der kommenden Woche, wird angezündet, die Gewürzbüchse herumgereicht, damit jedes Familienmitglied symbolisch den guten Duft des Schabbats in den Alltag mitnimmt, und über dem gefüllten Becher spricht der Familienvater den Unterscheidungssegen: »Gelobt seist Du, Ewiger, unser Gott, König der Welt, der unterscheidet zwischen Heiligem und Unheiligem, zwischen Licht und Finsternis, zwischen Israel und den Völkern, zwischen dem siebten Tag und den sechs Tagen der Arbeit. Gelobt seist Du, Ewiger, der unterscheidet zwischen Heiligem und Unheiligem.«

Die Kerze wird in etwas Wein ausgelöscht, und der Alltag kehrt wieder in das Haus und in die Seelen ein.

29. Falsche Zeitbegriffe bestimmen unser Denken

Weltweit setzt sich allmählich die Erkenntnis durch, daß wir unseren Lebensraum zerstören und man dem entgegenwirken muß. Umweltfreundlichere Gesetze, naturschützende Maßnahmen und die Suche nach alternativen Energien sind Ansätze, um die skrupellose Ausbeutung der Ressourcen und der Natur zu verlangsamen. Wissenschaftler, weite Teile der Bevölkerung und Politiker haben erkannt, daß man den gemeinsamen Lebensraum nicht hemmunglos verwüsten darf. Der Kampf gegen Interessengruppen, die gedankenlos die Umwelt zerstören, steckt zwar noch in den Kinderschuhen, breitet sich aber immer weiter aus.

Die westliche Welt befindet sich in einem großen Dilemma. Einerseits sehen wir die vom sauren Regen vernichteten Wälder, die vom Erdöl verpesteten Meere und die von radioaktiven Ablagerungen verseuchten Böden, andererseits benötigen wir die aggressive Energieausbeutung, um unseren Konsumstandard zu halten. Plastisch kommt dieser Widerspruch zum Ausdruck, wenn wir uns im Fernseher Sendungen über Umweltzerstörung ansehen, die von Werbefilmen unterbrochen werden. Die Überflußgesellschaft beschleunigt die Zerstörung der Umwelt, aber sie

hat auch die Erkenntnis hervorgebracht, daß es so nicht weitergehen kann. Umweltschutz und Ökologie sind in den alltäglichen Vokabelschatz der reichen Länder eingegangen.
Der Motor der Konsumkultur ist die Unzufriedenheit, und deswegen muß sie unentwegt geschürt werden. Die Werbung fördert das Unbehagen und bietet im gleichen Atemzug die Medizin dagegen an. Nur scheinbar geht es um das bessere Waschmittel oder um die schmackhaften Süßigkeiten; in Wirklichkeit redet die Werbung uns ein, daß wir mit dem Produkt Glück und Zufriedenheit erhalten. Sie wirbt für ein materielles Gut und verspricht seelische Ausgeglichenheit. Sie appelliert an die verdeckte Sehnsucht einer genußunfähigen Gesellschaft.
Die Überbewertung des Aussehens und der Ästhetik ist ein Grundpfeiler der Überflußgesellschaft. »Akzeptiere dich nicht«, heißt die Devise, »verbessere, verschönere, verändere dich«. Unaufhörlich überschüttet uns die Kosmetik- und Modeindustrie mit Ratschlägen, wie wir unser Aussehen und unser Auftreten verbessern können. Wie viele schmerzvolle Operationen und beschwerliche Abmagerungskuren nehmen manche Menschen in Kauf, weil sie den natürlichen Alterungsprozeß nicht akzeptieren wollen. Falten werden in einer der Jugendlichkeit huldigenden Gesellschaft zum Problem, wenn die erworbene Lebenserfahrung nichts mehr bedeutet.
Kosmetik und Mode sind zum Selbstzweck geworden. Kostüm und Schminke sind für Theater und Bühne unerläßlich. Der Schauspieler benutzt sie, um seine eigene Persönlichkeit zu verwischen und in eine imaginäre Rolle zu schlüpfen. Die Schminke ist die Maske, unter der er sein Gesicht verbirgt, und das Kostüm ist das Kleid, das eine andere

Identität vorgaukelt. In der abendländischen Kultur haben sich Kosmetik und Mode einen außerordentlich wichtigen Platz erobert. Das Gesicht wird optisch korrigiert, Lidschatten vergrößert die Augen, Rouge täuscht eine gesunde Farbe vor, Make-up verdeckt Hautunreinheiten, Schnitt, Design und Farbe der Kleidung zeigen, daß wir modern, fortschrittlich, selbstbewußt und schick sind. Das Leben ist zu einer Bühne geworden und wir zu Schauspielern, die eine Rolle spielen, die uns nicht entspricht. Übergeordnete Instanzen führen Regie; sie diktieren unseren Haarschnitt, unsere Rocklänge, unseren Wohnstil und unser Essen. Längst ist gut aussehen wichtiger als gut sein.
Es sind schon viele Aufsätze und Bücher gegen den Konsum und seine beste Dienerin, die Werbung, geschrieben worden, aber es können nie genug sein. Eine riesige Industrie mit wissenschaftlich ausgebildeten und hochdotierten Managern ist mit nichts anderem beschäftigt, als überflüssige Bedürfnisse zu wecken und diese sofort durch neue Produkte zu befriedigen. Die Künstler und Geisteswissenschaftler, die diesem Trend entgegensteuern, fühlen sich angesichts dieser Verführungsmacht wie die Mannschaft eines Schlauchboots, die versucht, die Niagarafälle hinaufzufahren.
Die Folgen des hemmungslosen Konsums lassen nicht auf sich warten. Infektionskrankheiten und Hunger, die in vergangenen Jahrhunderten und noch heute in der sogenannten Dritten Welt die hauptsächlichen Todesursachen sind, wurden in der westlichen Welt erfolgreich bekämpft. Dafür haben andere Krankheiten ihren Platz eingenommen:

> Das sind heute die chronischen und die degenerativen Krankheiten – Kreislaufkrankheiten, Krebs, Diabetes –, die man auch zutreffend als ›Zivilisationskrankheiten‹ be-

> zeichnet, da sie in enger Beziehung stehen zu körperlich/seelischem Streß, übermäßiger Nahrungsaufnahme, Drogenmißbrauch, sitzender Lebensweise und Umweltverschmutzung, alles Faktoren, die für das moderne Leben so typisch sind.[48]

Nicht nur die Natur, sondern die Zeit muß geschützt werden, und die Heiligung des Schabbats kommt einem Schutz der Zeit gleich.

Zeit ist unbegrenzt, gestaltlos, sie ist für alle Menschen gleich, und sie ändert sich nicht. Den Raum erfahren wir über unsere Sinne, für die Zeit haben wir keinen Sinn. Nur durch die Veränderung des Raumes und der Materie können wir Zeit erfahren, und doch ist sie auch ohne Raum und Materie denkbar. Gäbe es kein Universum, keine Sterne, keine Menschen, keine Materie, so gäbe es trotzdem die Zeit. Für die Zeit gibt es kein Nichtsein. Der jüdische Theologe Abraham J. Heschel vergleicht die Zeit mit der Göttlichkeit:

> Denn wo soll man die Ebenbildlichkeit finden? Es gibt keine Eigenschaft, die der Raum mit Gottes Wesen gemeinsam hätte. Es gibt nicht genug Freiheit auf Berggipfeln, es gibt nicht genug Herrlichkeit im Schweigen des Meeres. Aber das Bild Gottes kann in der Zeit gefunden werden, die verhüllte Ewigkeit ist.[49]

Die abstrakte und unendliche Dimension Zeit haben wir eingefangen und eingeteilt. Die erste Einteilung ergibt sich aus der Konstellation der Gestirne, die durch ihre Bewegung Tag und Nacht und die Jahreszeiten hervorrufen. Über diese natürliche Einteilung ist die Menschheit längst

hinaus. Durch die Einführung der Uhr haben wir die Zeiteinteilung unerhört verfeinert. Wir stehen nicht mehr mit dem ersten Sonnenstrahl auf, sondern um sechs Uhr, wir essen nicht, wenn wir Hunger haben, sondern um zwölf Uhr, wir gehen nicht mehr mit der Dunkelheit schlafen, sondern nach den Spätnachrichten der Tagesschau.
Wir leben gegen die Zeit. Nicht die innere biologische Uhr entscheidet unseren Tagesablauf, sondern soziale Strukturen. Schon im Kindesalter beginnt der Kampf gegen den persönlichen Zeitrhythmus. Wer kann sich nicht an das mühselige Aufstehen erinnern, als wir zur Schule gehen mußten, und sich das Ringen mit den Minuten vergegenwärtigen, wenn man wieder für einige Sekunden eingeschlafen war. Dieser Kampf setzt sich im Erwachsenenalter fort. Man hetzt am Morgen und hat keine Zeit, in Ruhe zu frühstücken; nervös schlägt das Herz, wenn man in einer Autokolonne steckenbleibt und deswegen zu spät zur Arbeit kommt; unruhig schlingt man das Mittagessen herunter, weil die Pause zu kurz ist und man den Arbeitstag möglichst schnell hinter sich bringen will.
Falsche Zeitbegriffe haben sich in unser Denken eingeschlichen und üben eine verheerende Wirkung auf die Psyche aus. Es gibt keine Freizeit, keine vergeudete oder sinnvoll genutzte Zeit. Unsere persönliche Lebenszeit ist begrenzt, und in dieser uns zur Verfügung stehenden Zeit durchläuft der Körper die Phasen von der Zeugung bis zum Tod. Von der Sekunde der Zeugung an altert er dem Tod entgegen; keinen einzigen Augenblick können wir uns von dieser Entwicklung befreien. Ganz egal, was wir tun, ob wir viel oder wenig arbeiten, glücklich oder unglücklich sind, hetzen oder uns langweilen; unsere Zeit läuft ab. Wir können diese Zeit weder vergeuden noch sinnvoll nutzen; sie ist da, und

sie ist für jeden von uns endlich. Wenn wir uns in jeder Sekunde des Lebens der Endlichkeit unserer Zeit bewußt wären, dann würden wir jeden Moment des Lebens schätzen und den Tag nicht in Arbeits- und Freizeit, in ungeliebte und geliebte Zeit, in zweckmäßige und vertane Zeit einteilen. Der Respekt vor unserem Leben würde uns davor bewahren, so viel Zeit einer langweiligen und frustrierenden Arbeit zu opfern und unser Dasein der Macht des Geldes und dem Konsum zu unterwerfen.

Ich erinnere mich an eine der ersten Unterrichtsstunden im »Or Sameach«. Der Rabbi erzählte:

»Zu einem Arzt kommt ein Mensch, um sich untersuchen zu lassen. Der Mensch fühlt sich nicht krank und schwach, trotzdem möchte er die Meinung des Arztes wissen. Nachdem der Arzt ihn untersucht hat, stellt er folgende Diagnose: ›Du leidest an einer unheilbaren Krankheit, die jeden Tag ausbrechen kann. Im Moment ist sie latent, und du spürst sie nicht, sie kann noch Jahre, wenn nicht gar Jahrzehnte in dir sein, ohne aktiv zu werden, aber sie kann auch schon morgen in Erscheinung treten, und dann bist du unrettbar verloren.‹ Erschrocken geht der Mann nach Hause und beginnt über sein Leben nachzudenken.«

Jeder von uns ist dieser Mensch, wir alle leiden an der versteckten Krankheit, wir tragen den Tod in unseren Gliedern. Wann der Tod eintritt, wissen wir nicht, aber daß er uns überwinden wird, ist sicher. Nur wenn wir den Tod annehmen, wenn wir ihn als einen Teil des Lebens begreifen, können wir die Angst vor ihm überwinden und uns am Leben freuen. Wenn wir den Tod weit von uns wegschieben, so wuchert er wie eine Geschwulst in der Seele und vergällt uns das Leben.

Wir modernen Menschen haben den Tod aus dem Alltag

ausgeklammert. Zwar wird er uns täglich in den Nachrichten, im Kino und im Fernsehen massenhaft serviert, aber er ist abstrakt und berührt uns nicht. Abgestumpft sehen wir die grausigen Bilder, teilnahmslos hören wir die Nachrichten. Dort, wo er in unserer Verwandtschaft auftritt, wird er beiseite geschoben. Die Siechen gehören ins Krankenhaus, und wir reden uns ein, daß sie in der sterilen, hygienischen Atmosphäre die optimale Pflege bekommen, und versuchen unser Gewissen zu beruhigen, indem wir uns versichern, daß der Sterbende in der Obhut der Ärzte und Schwestern am besten aufgehoben sei. Man geht zur Tagesordnung über, aber die Lebensangst, die eigentlich eine Todesangst ist, verfinstert die Seele. Es ist kein Zufall, daß die Zeitschriften und Medien so viel über Krankheiten berichten; sie berühren den Kern des heutigen Menschen, der sich sein Leben nach außen hin so behaglich und sicher eingerichtet hat. Aber letzten Endes weiß jeder, daß keine Versicherung ihn gegen den Tod abschirmen kann. Unvermutet kann morgen aus heiterem Himmel ein Krebsgeschwür in uns ausbrechen, und hilflos sind wir der Krankheit ausgeliefert. Die Medizin wird uns Wege zeigen, wie wir die Krankheit bekämpfen können, aber haben wir irgendwann gelernt, uns dem Tod zu ergeben?

Manchmal hilft der Kampf, meistens jedoch nicht, und der Kranke muß sein Schicksal annehmen. Noch weniger als der Kranke können die Angehörigen mit dem Tod umgehen. Außer den Patienten zu ermuntern und ihn in seinem Kampf zu bestärken, haben wir nichts gelernt. Die Riten und Bräuche, mit denen man einen Menschen auf dem letzten Weg begleitet, sind uns verlorengegangen; eine unmenschliche Medizin verunsichert und verstört uns.

Meine Mutter starb an Knochenkrebs. Ein schmerzvoller,

langwieriger Tod ist das Hinscheiden an dieser Krebsart. Viele Chemotherapien lagen hinter ihr, die Haare waren ausgegangen, die Arme von den Infusionen zerstochen, die Metastasen im ganzen Körper verbreitet, sie selber völlig kraftlos. In diesem Zustand brachte meine Schwester sie aus Frankfurt nach Israel. Sie war bei klarem Bewußtsein, und wir haben stundenlang über den Tod gesprochen. Von Tag zu Tag wurde sie schwächer, es wurde immer schwieriger, sie wachzuhalten, damit sie etwas aß oder wenigstens trank. Eines Tages konnte man sie nicht mehr aufwecken, sie lag im Koma. Inzwischen waren alle meine Schwestern angereist, und wir riefen einen Arzt, der uns den Rat gab, die Mutter ins Krankenhaus zu bringen.

»Wird sie gesund werden?« wollten wir wissen.

»Nein«, sagte der Arzt, »aber man wird ihr Leben um einige Tage oder Wochen verlängern können.«

»Warum raten Sie uns das?« fragten wir.

»Weil ich den Eid auf Hippokrates geschworen und mich verpflichtet habe, Leben zu erhalten.«

Wir vier Schwestern berieten uns und beschlossen, sie nicht ins Krankenhaus einzuliefern. Die Mutter hatte das Tal der Schmerzen durchschritten, wir wollten sie nicht noch einmal aufwecken und sie wieder dorthin zurückschicken. Nach zwei Tagen starb sie. Jahrelang haben wir unter Schuldgefühlen gelitten, waren von Selbstvorwürfen gepeinigt, ob wir sie nicht doch hätten ins Krankenhaus bringen sollen – hatten wir richtig gehandelt oder nicht? Die Ärzte hatten uns mit unserer Entscheidung alleine gelassen, und zu einem Rabbiner sind wir nicht gegangen.

»Suche dir einen Rabbi«, lernte ich viele Jahre später im »Or Sameach«. Suche dir einen Rabbi, suche dir einen Lehrer, suche dir jemanden, dem du vertraust, der dir in der Stunde der Not einen Rat geben kann. Dies war einst die Aufgabe der Alten und der Erfahrenen, den Jungen bei ihren Entscheidungen zu helfen. Lebensweisheit kann man nicht in einem Kurs lernen oder an der Universität studieren. Lebensweisheit ist die Frucht vieler Jahre, die reife Frucht des Schauens, Erkennens und Verstehens. Aber in einer Gesellschaft, in der Jung- und Schönsein Eckpfeiler des Erfolgs sind, in der Menschen das Altern als Manko begreifen, in dieser Gesellschaft ist Lebensweisheit nicht gefragt. Gefragt ist angelerntes Wissen; Spezialisten haben die Rolle der Weisen übernommen. Ich bin kein Gegner von Ausbildung und Theorie, aber ich überschätze die Bedeutung von Wissen auch nicht. Wie kann ein junger, gerade ausgebildeter Psychologe Ratschläge bei Eheproblemen erteilen, wenn er selber noch nicht dem Sturm des Lebens ausgesetzt war? Wie sehr lassen uns die Ärzte im Stich, wenn sie das Leben des Sterbenskranken künstlich verlängern, seine Seele außer acht lassen und ihn und seine Angehörigen dem Leiden aussetzen. Wehe der Gesellschaft, die zwischen Körper und Seele trennt, die den Menschen in Einzelteile zerlegt und für jedes Organ einen zuständigen Fachmann zu Hilfe ruft. Leben ist die Einheit zwischen Körper und Seele; die Trennung erfolgt erst durch den Tod. Und der seelische Tod befällt eine Gesellschaft, die diese künstliche Trennung herbeiführt und den Menschen nur als Zusammensetzung einzelner Körperteile und nicht als Gesamtheit begreift.

Für jedes unserer Glieder gibt es einen Spezialisten, der das betroffene Organ in Augenschein nimmt. An gefühllose Apparaturen angeschlossen, werden in den Krankenstationen die Funktionen des Körpers in Gang gehalten, während die Seele und Würde des Kranken mit Füßen getreten wird.

Grauenhaft sind die Experimente, gehirntote Menschen mechanisch weiterfunktionieren zu lassen, um die Organe wiederverwenden zu können, oder einen Embryo im toten Mutterleib monatelang am Leben zu erhalten. Die Einheit von Seele und Körper ist aufgehoben; tote Menschen existieren manchmal jahrelang mit Hilfe von Maschinen, ohne daß jemand wagt, dafür einzutreten, den Apparat abzustellen. Mit der zunehmenden Spezialisierung der Medizin und der Differenzierung der einzelnen Fachgebiete steht nicht mehr der Mensch als organisches Gesamtwerk, sondern zunehmend ein spezieller Ausschnitt im Mittelpunkt des ärztlichen Interesses.
Unter dem Deckmantel der Barmherzigkeit und der Lebensrettung um jeden Preis werden Frankensteinsche Versuche an Patienten exerziert. Kranke Organe werden ausgewechselt, Ärzte und todgeweihte Menschen hoffen auf Organspender und wünschen sich, daß andere Menschen sterben, damit man ihre Organe weiterverwenden kann. Angesichts des Todes können die Patienten und ihre Angehörigen nicht mehr beten; welchen Gott sollten sie bitten, einen anderen Menschen sterben zu lassen? Wir stehen erst am Anfang dieser Entwicklung. Irgendwann werden Menschen umgebracht werden, damit andere ihre Organe erhalten, oder man wird menschliche Wesen züchten, die als Organspender benutzt werden.
Wie sehr protzen Europa und Amerika mit dem Erreichten, wie sehr verachten sie die unterentwickelten Länder, und doch wissen sie nicht, daß sie in manchem viel weiter zurück sind. Entwickelt haben sie den Konsum und den materiellen Überfluß; den inneren Reichtum aber, die Seele, haben sie brachliegen lassen und vernachlässigt.
In jeder Religion wird Leben und Sterben als Einheit ge-

sehen. Die Heiligung des Lebens beinhaltet auch die Heiligung der Lebenszeit, und zwar nicht im Sinne einer Verlängerung mit allen Mitteln. Jede Sekunde Lebenszeit ist kostbar, und nur angesichts der Endlichkeit ist die Kostbarkeit des Lebens fühlbar. Aller Ärger und alle Sorgen werden angesichts des Todes relativiert.

30. Wir zerstören die Zeit

Unser Zeitalter ist rasant und dynamisch. Die Verkehrsmittel werden immer schneller und wir immer mobiler. Wie gehetzte Hunde rennen wir einem imaginären Hasen hinterher, den wir nicht einholen können. Das Tempo des Arbeitsprozesses übertragen wir auf die Freizeit. Wir treiben aktiv Sport, reisen in ferne Länder, besuchen interessante Veranstaltungen; alles nur, um nicht müßig zu sein. Die Hauptpreise bei Quizsendungen im Fernsehen sind entweder Autos oder Reisen, getreu dem Motto: Hauptsache, man steht nicht still. Die Folgen sind Streß und Langeweile, Rastlosigkeit und ein Gefühl des Überdrusses.
Genau wie jemand zur Arbeit ausgebildet wird, muß man auch die Ruhe lernen. In unserer grauenhaft lauten Zeit, wo Verkehrslärm die Nerven aufreibt, jederzeit und überall Radio, Fernseher und Discplayer die Ruhe stören, das Telefon sich in unsere Gespräche und Gedanken mischt, wäre der Schabbat eine Pause im Meer des Lärms und der Hektik. Das Schabbatgesetz verbietet nicht nur das Einschalten von elektrischen Geräten, sondern auch die Bewegungsfreiheit wird empfindlich beschnitten. Neben dem Trageverbot gilt auch eine Einschränkung der Wege, die man am Sabbat zurücklegen darf. So heißt es: »Bleibt jeder an seiner Stelle,

wegziehen soll nimmer jemand von seinem Ort am siebten Tag« (2. Mose 16:29).
Die Zeit kann nur durch die Ruhe und nicht durch die Mobilität geheiligt werden. Eine »Erziehung zur Langsamkeit« müßte Ziel unserer dynamischen Zeit werden. Bisher setzt jedoch die »Kultur des Tempos« ihren weltweiten Siegeszug ungehindert fort, und der Trend ist weiter auf Beschleunigung ausgerichtet.
Ein beliebtes Aufsatzthema in den sechziger Jahren war die Diskussion um das Für und Wider der Automatisierung. Während uns Schülern die Köpfe rauchten, war das Thema schon veraltet, denn die Automatisierung hatte längst Einzug in die Fabriken gehalten. Aber auch in meinen wildesten Phantasien habe ich mir damals nicht vorstellen können, wie schnell die Computertechnik unser Leben beeinflussen wird und wieviel Arbeit die Maschine in meinem persönlichen Bereich übernehmen wird.
Als Studentin arbeitete ich in einem Großraumbüro einer Versicherungsgesellschaft. Acht Stunden am Tag tippten wir den gleichen Brief ab, nur Name und Adresse wurden geändert. Jeder Brief sah wie ein persönliches Schreiben des Unternehmens an den Kunden aus. Woran damals mehrere Schreibkräfte wochenlang arbeiteten, das erledigt heute mein kleiner PC mühelos in wenigen Stunden. Drückt man die entsprechenden Tasten, dann arbeitet er wie die Heinzelmännchen. Er schreibt und schreibt und schreibt, ohne daß ich dabeistehen und aufpassen muß.
Die Konsequenzen der Automatisierung bekommen die Industrienationen bereits zu spüren. Immer weniger Menschen produzieren immer mehr Güter und die Folge ist, daß weite Bevölkerungsgruppen arbeitslos sind. Die reichen Gesellschaften gewähren den Arbeitslosen ein Minimum an

Versorgung; gleichzeitig führen sie ihnen ihre Unzulänglichkeit unentwegt vor Augen. Der Erwerbslose kann sich vieles nicht mehr leisten, wird sozial verachtet und weiß nicht, was er mit seiner Zeit anfangen soll. In der rastlosen, von Terminen gehetzten Gesellschaft wird er zum ungeliebten Stein des Anstoßes. Deswegen führt Arbeitslosigkeit häufig zu einem Abgleiten in die Drogen- oder Trunksucht, denn nur mit Hilfe von Rauschgiften ist die gesellschaftliche Verachtung ertragbar. Die Anfälligkeit für radikale Parteien und Parolen nimmt zu, denn andere schwache Randgruppen müssen als Sündenböcke für die eigene Frustration herhalten.

Diese falsche Zielsetzung, immer mehr haben zu wollen, immer mehr anzuschaffen und immer mehr Besitz anzuhäufen, führt dazu, daß wir uns dem Diktat der Schnelligkeit beugen und Arbeitsbedingungen akzeptieren, die unserem Gefühl zuwiderlaufen. Wir werden dazu angehalten, die Arbeitszeit hinter uns zu bringen, um dann in der Freizeit das große Glück am Gabentisch des Überflusses zu erleben. Und anstatt sich Gedanken zu machen, wie man die Arbeit menschlicher, gefühlvoller und interessanter gestalten könnte, beschäftigt sich die Konsumindustrie pausenlos damit, zu überlegen, was man noch an unnützen Gegenständen herstellen kann und wie man sie verkauft.

Dem Sog der Schnelligkeit muß man Widerstände entgegensetzen. Viele Menschen begreifen langsam, daß ein Mehr an Konsum kein Mehr an Lebensqualität bedeutet und sind dabei, Wege zu suchen, die das Tempo eindämmen. Das Einhalten des Schabbats ist eine Form der Meditation, in der die Technik abgeschaltet und der Körper zur Verlangsamung der Bewegung erzogen wird. Die Kraft des Schabbats liegt nicht in der Aktivität und Rastlosigkeit, nicht in der Abwechslung und in der Jagd nach interessanten Erlebnissen, sondern in ausgedehnten Mahlzeiten, im Gebet, im Gespräch, im Spaziergang und im Schlaf.

31. Schabbat bedeutet: Heiligung der Zeit

Haben Generationen in den vorigen Jahrhunderten sich ein Fortbewegungsmittel wie das Auto nicht ausmalen können, so können wir uns heute nicht vorstellen, einen Tag auf das Auto zu verzichten. Dabei verschmutzt es nicht nur die Umwelt, sondern stellt eine Gefahr für Leib und Leben dar. Jeder Autofahrer ist ein potentieller Totschläger und Selbstmörder. Unfälle ereignen sich innerhalb von Sekunden; bei den heute üblichen hohen Geschwindigkeiten ist kein Mensch gegen diese Gefahr gefeit. Und doch nehmen wir Unfälle als Todesursache mit einer Gleichgültigkeit und Gelassenheit hin, als wäre dies eine göttliche Strafe, gegen die wir machtlos sind. Wenn in Israel bei einem Terroranschlag ein Mensch umkommt, steht das Land kopf. Die Zeitungen berichten auf der ersten Seite, jeder spricht darüber, die Emotionen schlagen hohe Wellen. Verkehrsunfälle hingegen, die ein Vielfaches an Menschenleben kosten, werden gleichgültig zur Kenntnis genommen. Das ist der Blutzoll, den wir dem Drachen Automobil zahlen.
Lassen wir die körperliche Gefährdung beiseite; wie sieht es mit der seelischen aus? Je schneller wir uns bewegen können, desto weniger Zeit geben wir uns. Nicht die Fahrt ist das Wesentliche, sondern das Ziel, das wir anpeilen. Wäh-

rend des Fahrens befinden wir uns in einem unruhigen Zustand; die Zeit im Auto genießen wir nicht, sondern wollen sie so schnell wie möglich hinter uns bringen. Jede Panne, die diese unliebsame Zeit verlängert, regt uns auf und macht uns nervös. Sei es, daß wir im Stau stecken, sei es, daß das Auto einen Schaden hat, der uns am Fortkommen hindert; wir ärgern uns über die verlorene Zeit.
Saubere Luft ist in den Städten schon fast Luxus und das Auto, der Luftverschmutzer Nummer eins, ist eine Plage geworden, der man kaum noch Herr wird. Auch der Bau von Elektromobilen wird das Problem der Umweltverschmutzung nicht lösen, denn die verbrauchten Batterien werden Boden und Wasser vergiften. Die große technische Erfindung, mit deren Hilfe weite Strecken innerhalb kurzer Zeit überwunden werden können, zeigt ihr fratzenhaftes Gesicht: verstopfte Straßen, Staus, Abgase, Lärm, Unfälle. Weil das Auto es ermöglicht, nehmen wir Arbeitsstätten in Kauf, die weit entfernt liegen und die nur mit dem Kraftfahrzeug zu erreichen sind. Die dichten Verkehrsnetze erleichtern die dauernde Bewegung, Autobahnen zerschneiden gewachsene Landschaftsgebiete, und der Verkehrslärm belästigt Anwohner und Tiere.
Autofahren ist eine Verletzung des Schabbats, und deswegen verzichten religiöse Juden an diesem Tag auf ihr Fahrzeug. In Israel wird der öffentliche Busverkehr am Freitagnachmittag unterbrochen und setzt erst wieder am Samstag nach Einbruch der Dunkelheit ein. Wenn man kein Auto hat und keine Busse fahren, dann paßt man sein Verhalten den gegebenen Umständen an. Wer an seinem freien Tag in seiner Bewegungsfreiheit eingeschränkt ist, muß gezwungenermaßen Kontakt zu Nachbarn aufnehmen. Es ist ja gerade das Auto, das uns ermöglicht, Freunde am anderen

Ende der Stadt zu besuchen, in Restaurants zu essen, die zu Fuß nicht erreichbar wären, und an Veranstaltungen teilzunehmen, die kilometerweit von unserer Wohnung entfernt liegen. Deswegen haben wir es gar nicht mehr nötig, wichtige soziale Kontakte zu pflegen und nach Bekanntschaften in der unmittelbaren Nachbarschaft zu suchen.

Wie sehr die Abgase die Luft und der Autolärm die Nerven belasten, darüber wird ununterbrochen geschrieben und gesprochen. Und doch weisen alle Statistiken auf eine wachsende Zahl von Autos hin. Größerer Wohlstand führt zu einer Zunahme der Fahrzeuge. Benutzte früher eine Familie auch nur ein Auto, so geht die Tendenz heute dahin, daß jeder Partner eines besitzt. Wir wissen, daß es so nicht weitergehen kann. Dieses unkontrollierte Wachstum des Verkehrs wird zu Gesetzen führen müssen, die den individuellen Personenverkehr einschränken. Der Wahnsinn, daß in einem Fahrzeug, in dem fünf Menschen Platz haben, nur einer fährt, wird aufhören müssen, oder wir werden in einigen Jahren in unseren Städten nicht mehr atmen können. Das Auto ist ein viel zu gefährliches und umweltbelastendes Fortbewegungsmittel, als daß man es weiterhin als individuelles Statussymbol anpreisen darf. Keine noch so einflußreiche Autoindustrie wird auf die Dauer Gesetze gegen das Autofahren verhindern können, denn dort, wo Umweltschäden zu epidemieartigen Krankheiten führen, wird der gesunde Menschenverstand über jegliche Interessenpolitik siegen.

Aber noch sind wir nicht soweit. Noch steht einer hemmungslosen Ausbreitung des Autoverkehrs nichts im Weg, und Millionen werden für Werbung ausgegeben, die uns einredet, daß ein neuer Wagen zum seelischen Wohlbefinden beiträgt. Wenn wir einsehen, daß der Punkt erreicht ist, an dem wir einhalten müssen, dann können wir etwas von den Schabbatgesetzen lernen.

Aus eigener Erfahrung weiß ich, wie schwierig es ist, einmal in der Woche vierundzwanzig Stunden auf das Auto zu verzichten. Das bedeutet eine Umstellung des Lebensrhythmus, denn stets kommt etwas dazwischen, was einen veranlaßt, doch auf das Auto zurückzugreifen. Absolut strikt an das Fahrverbot halten sich in Israel nur die streng religiösen Juden, die im Autofahren eine Mißachtung des göttlichen Gesetzes sehen. Da sie in einer Atmosphäre aufwachsen, die von sechs Tagen der Bewegung und einem Tag der Ruhe geprägt ist, haben sie ihre Lebensbedingungen danach ausgerichtet. Verwandte versuchen möglichst nah beieinander zu wohnen, damit sie sich am Schabbat gegenseitig besuchen können, und auf die Idee, irgend etwas zu unternehmen, was zu Fuß nicht erreichbar ist, kommen strengreligiöse Juden nicht. Aber auch der nichtreligiöse Mensch kann aufgrund von Einsicht sagen: »An einem Tag in der Woche verzichte ich auf das Auto, und anstatt ausgedehnter Ausflüge versuche ich in der unmittelbaren Nachbarschaft Leute kennenzulernen.« Der freiwillige Verzicht auf Mobilität fällt anfangs nicht leicht; im Laufe der Zeit gewöhnen wir uns jedoch an den verlangsamten Lebensrhythmus. Je mehr Menschen sich dieser Idee anschließen, desto umweltfreundlicher werden unsere Städte an einem Tag in der Woche sein.

Die Zerstörung der Natur geht mit der Zerstörung der Psyche einher, und im gleichen Maße wie ein Überfluß an Technik die Umwelt belastet, verschmutzt er auch die Seele.

Ein Seelenverschmutzer ersten Ranges, den wir uns alle ins Wohnzimmer gestellt haben, ist der Fernseher. Unmerklich hat das Gerät die Kommunikation in der Familie zerstört. Reden und Zuhören sind wichtig für unsere seelische Gesundheit. Durch Reden und Erzählen können wir Probleme benennen und Erlebnisse mitteilen, die wir während des Erzählens nochmals nachvollziehen. Durch das Zuhören bekunden wir Anteilnahme und Interesse an unserem Gegenüber. Es wären weniger Gesprächstherapien nötig, wenn man sich in der Familie mehr mitteilen könnte. Jeder Psychologe weiß, daß es lange dauert, bis ein Kernproblem erzählt wird, und stundenlang reden die Patienten von scheinbar nebensächlichen oder unwichtigen Dingen. Um zu erzählen, was man auf dem Herzen hat und was einen bedrückt, benötigt man Zeit, und diese Zeit raubt uns der Fernsehapparat. Er zieht alle Aufmerksamkeit auf sich, und wir wenden uns von unseren Mitmenschen ab und dem Apparat zu. Millionenfach spielen sich täglich Szenen ab, in denen ein Kind oder ein Ehepartner etwas erzählen will und der andere sagt: »Ruhig jetzt, der Film fängt gerade an.« Süchtig sitzen wir vor dem Bildschirm und nehmen Anteil an fremden Problemen, weil sie uns wohlverpackt und spannend serviert werden. Gleichzeitig häufen sich die Probleme in den Familien in einem vorher unbekannten Maße.

Vollkommene Menschen blicken uns aus dem Fernsehapparat entgegen. Sie sind schön, schlank, redegewandt, sicher und schlagfertig, umgeben von einer Aura dezenter Eleganz. Einen glatzköpfigen Nachrichtensprecher oder eine fettleibige Moderatorin gibt es nicht. Diese ästhetisierten Menschen führen uns vor, wie unvollkommen und lächerlich wir im Vergleich zu ihnen sind.

Joseph Roth schrieb in den dreißiger Jahren dieses Jahrhunderts über den Film:

> Die Welt, in der wir leben, kennt den Hades der Lebendigen: Das ist das Kino. Hollywood ist der moderne Hades. Dort werden die Schatten schon zu Lebzeiten unsterblich. Ja, von den antiken Menschen unterscheiden sich die ›modernen‹ Menschen dadurch besonders, daß sie den Hades, das Reich des Schattens, bereits auf Erden eingeführt haben: Der Hades des modernen Menschen ist Hollywood.[50]

Zu der Zeit, als Joseph Roth seine Gedanken niederschrieb, konnte jeder noch entscheiden, ob und wann er sich einen Film ansah. Wir hingegen, die wir sechzig Jahre später leben, sind der Welt der Schatten hoffnungslos ausgeliefert. Es ist ein Trugschluß, zu glauben, wir könnten ohne Fernsehapparat leben. Mehrere Generationen sind bereits mit dem Gerät aufgewachsen; das Fernsehen vermittelt uns Unterhaltung, Nachrichten und Wissen. Was zunächst so positiv aussah, ist außer Kontrolle geraten. Durch die Vielzahl der Programme werden wir zwischen den verschiedenen Sendern hin- und hergerissen. Die Vielfalt ist nicht konsumierbar, aber weil sie uns angeboten wird, naschen wir wie hungrige Kinder von allen Speisen gleichzeitig, und dieses Gemisch verdirbt uns den Geschmack und den Appetit. Der Fernseher entfernt uns vom Leben und vom Erleben. Und damit wir uns nicht über die Wahl des Fernsehprogramms streiten, versorgt eine wohltätige Industrie ihre Kunden mit billigen Geräten, so daß in vielen Familien inzwischen in mehreren Zimmern Fernsehgeräte stehen und die einzelnen Familienmitglieder dem Streit und sich selbst aus dem Weg gehen können.

Neben der Unterhaltung bringt das Fernsehen Passivität und Angst ins Wohnzimmer. In den Familien wird weniger geredet, Nachbarschaftsbeziehungen gehören in den großen

Städten schon fast zu den Ausnahmen. Eine seelische Verwahrlosung der Kinder und eine erschütternde Einsamkeit der Alten sind die Folgen. Weil Familienbindungen zerrissen sind, wird für die alten Menschen in ihrer hilflosen Einsamkeit der Fernseher zum besten Freund.

Pausenlos schüren die Fernsehnachrichten die Angst, Kriminalfilme und Sensationsberichte konfrontieren uns mit Verbrechen und Tod, und ein wachsendes Mißtrauen vor unbekannten Menschen und Situationen breitet sich aus. Wenn uns ein Fremder anspricht, stellt sich sofort der Gedanke ein, ob er uns bestehlen will. Und je mehr wir uns fürchten, desto dicker sind die unsichtbaren Mauern, hinter denen wir uns einschließen, und desto unerträglicher wird die Einsamkeit. Die Kriminalität ist bei weitem nicht so groß wie der Schaden, den die Berichterstattung darüber in den Köpfen der Fernsehzuschauer anrichtet; die Krankheiten bei weitem nicht so gefährlich, wie die zersetzende Furcht in Millionen Seelen. Das menschliche Leid zieht die Zuschauer an – ansonsten würden wir uns die Sendungen nicht ansehen –, aber gleichzeitig ist es ein seelisches Gift, das wir unentwegt aufnehmen und das den Blick für die Realität völlig verzerrt.

Das Fernsehen ist einer der wichtigsten Erzieher der Nation. Mag vieles, was dort gesagt wird, an uns vorbeirauschen, so bleibt doch manches hängen. Weil die privaten Sender die hohen Einschaltquoten im Auge haben, werden unter einem pseudowissenschaftlichen Vorwand die intimsten Probleme vor einem Millionenpublikum ausgebreitet. Bereitwillig berichten Prostituierte über ihren Beruf, Strichjungen über ihre Erfahrungen, Pornostars über ihre Aufnahmen, Männer, wie sie ihre Frauen betrügen, und Frauen, warum sie fremdgehen.

Tausende und Abertausende von Kindern und Jugendlichen hören ihnen zu. Wenn ein Pornostar erzählt, daß der Koitus vor der Kamera Spaß macht und man obendrein noch Geld verdient, die Prostituierte an ihrem Beruf nichts Anstößiges findet und ihr Gewerbe mit gutgewählten Worten beschreibt – was soll eine Fünfzehnjährige denken? Sie folgert, daß es nicht so schlimm sein kann, wenn man seinen Körper verkauft, um auf diese Weise auf die schnelle ein paar Mark zu verdienen. Die Wirkung solcher Talk-Shows ist verheerend, denn wer die Ehrfurcht vor seinem Körper verliert, hat auch keine Ehrfurcht vor anderen Menschen. Das Interesse der Sender ist eindeutig: Es geht ihnen weder um den Menschen, den sie interviewen, noch um die Gefühle der Zuschauer; sie sind einzig und alleine am Geld interessiert, das sie durch die Ausstrahlung der Werbefilme einspielen. Aber wo bleiben die Gegenkräfte? Hat in der westlichen Welt die Moral vollkommen kapituliert? Stehen Arbeitsplatzerhaltung und der Absatz von Produkten über allen Werten?

Vor einigen Jahren erlebte ich in Jerusalem den Kampf von religiösen Gruppen gegen die Bademodenfirma Gottex. Die Wartehäuschen an den Bushaltestellen dienten als Werbeflächen, und eines Tages prangten von ihnen lächelnde Mannequins in Badeanzügen. Verglichen mit den Reklamefilmen in deutschen Sendern, waren die Modelle züchtig bedeckt. Trotzdem erhob sich ein ungeheurer Protest, und als Folge wirbt die Firma Gottex in Jerusalem nicht mehr für ihre Badeanzüge. Wie so oft in Israel wurde die Grundsatzdiskussion zwischen den Interessen der Wirtschaft und den religiösen Werten entfacht. Die Wirtschaftsfachleute forderten das Recht auf freie Entfaltung, betonten die Vorteile des erhöhten Absatzes und beschwörten die Gefahr einer Theokratie, während die religiösen Gruppen konterten:

»Mit welchem Recht setzt sich eine Firma über alle unsere moralischen Vorstellungen hinweg und reizt die Sinne, indem sie uns zwingt, halbentblößte Frauen anzusehen; mit welchem Recht verführt sie die Gedanken zur Unzucht?«
Das Argument, doch einfach nicht hinzuschauen, ist ein Scheinargument. Eine Pornozeitung muß man sich nicht kaufen, aber ein Plakat auf einem öffentlichen Platz kann man nicht übersehen.
Kehren wir zum Fernsehen zurück. Auch wenn wir wissen, welche Gefahren es birgt, wäre es illusorisch, den Fernsehapparat aus unserem Leben zu verbannen. Aber wir könnten einige von den Schabbatregeln lernen. Da das Einschalten von Strom gegen das Schabbatgesetz verstößt, wird in religiösen jüdischen Familien am siebten Tag nicht ferngesehen.
Wer am Freitagmorgen eine Zeitung in Israel kauft und den Wohnungsmarkt oder die Kleinanzeigen studiert, dem fällt auf, daß bei vielen Annoncen hinter der Telefonnummer des Anbieters der Zusatz »Nicht am Schabbat« steht. Der Leser weiß sofort, daß es sich hier um eine Familie oder eine Person handelt, die am Schabbat den Telefonhörer nicht abhebt. Die frommen Juden schalten sich am Schabbat vom Kommunikationsnetz ab.
Genau wie das Auto, der Computer und das Fernsehen ist auch das Telefon aus unserem Alltag nicht mehr wegzudenken. Seine Vorteile liegen auf der Hand, obwohl es gleichzeitig die Menschen physisch voneinander trennt. Weil man miteinander telefoniert, muß man einander weniger besuchen, und weil es inzwischen üblich ist, sein Kommen vorher telefonisch anzumelden, wird mit dem Besuch häufig ein derartiger Aufwand getrieben, daß er für Gastgeber und Gast anstrengend wird. Einfach einmal bei Freunden

oder Verwandten vorbeizuschauen, ohne vorher Bescheid zu geben, ist unhöflich und unüblich geworden. Weil wir miteinander telefonieren, schreiben wir weniger; an die Stelle von Briefen, in denen man seine Gedanken festhält und die der Empfänger immer wieder nachlesen kann, tritt heute das flüchtige Wort.

Das Telefon ist das wichtigste Mittel zur Planung der Zeit geworden. Im Berufsleben kann man nur von Termin zu Termin hetzen, weil man die Zeit vorher mit Hilfe des Telefons minutiös eingeteilt hat; und wenn wir uns telefonisch für eine bestimmte Uhrzeit verabreden, setzen wir uns und unser Gegenüber sofort dem Streß dieser Planung aus. Kommt er einige Zeit zu spät, beginnt sich der Wartende Sorgen zu machen oder sich zu ärgern. Das Telefon kann zum Marterinstrument unserer Nerven werden, wenn wir vergeblich auf ein wichtiges Gespräch warten.

Die gestörte Familienkommunikation ist nicht zuletzt auch auf das Telefon zurückzuführen, weil wir ihm den Vorrang vor dem Gespräch mit dem Partner oder den Kindern geben. Alltäglich sind Situationen wie diese: Eine Mutter spielt mit ihrem Kind; das Telefon klingelt, und die Harmonie des Augenblicks wird gestört. Nörgelnd drängt das Kind darauf, daß die Mutter sich ihm wieder zuwendet, während diese das Kind ungeduldig abwehrt. Wo noch vor einem Augenblick Eintracht herrschte, macht sich jetzt Frustration breit. Aus den intimsten Situationen reißt uns das Telefon heraus; jeder von uns ist praktisch jederzeit der Öffentlichkeit preisgegeben.

Auto, Fernseher und Telefon können wir aus unserer modernen Welt nicht verbannen, aber unserer seelischen Gesundheit zuliebe müssen wir versuchen, ihren Gebrauch einzuschränken. Die Schabbatvorschriften helfen uns dabei, indem sie die Benutzung dieser technischen Geräte verbieten. Stellen wir uns theoretisch vor, an einem Tag in der Woche auf das Auto, den Fernseher und das Telefon zu verzichten. Was würden wir mit der Zeit anfangen? Langeweile würde sich breitmachen; wir wären kribbelig und nervös, und anstatt der erwarteten Ruhe würde uns der Tag ein unruhiges Warten bescheren. Unser innerer Motor arbeitet auf Hochtouren; diesen Motor müssen wir abstellen. Die Heiligung der Zeit kann nur erfolgen, wenn Ruhe in die Seele einkehrt; und damit dies geschieht, muß sich in unserem Bewußtsein etwas ändern.

Die Langsamkeit und die Ruhe an einem Tag in der Woche dürfen nicht als Zeitverschwendung, sondern als Dienst an der Natur und der Seele angesehen werden. Wir müssen von dem Gedanken Abschied nehmen, daß Effektivität, Dynamik, Schnelligkeit und Abwechslung wünschenswert sind. Wenn wir all dies in Frage stellen, dann können wir versuchen, uns dem an einem Tag der Woche zu entziehen.

Die Veränderung der seelischen Verfassung ist Bedingung für die Heiligung des Schabbats, und mit dem Anzünden der Kerzen nimmt die Feiertagsseele von uns Besitz. Das Begrüßungslied des Schabbats lautet: »Friede sei mit Euch, ihr Engel des Friedens«, und mit diesen Worten nehmen die Engel des Friedens von der Seele Besitz. Die Engel des Friedens wollen uns kein Erlebnis verschaffen, sondern sie wollen, daß wir leben; sie wollen die Seele nicht ablenken, sondern einlenken. Darum ist die menschliche Gemeinschaft für den Schabbat unabdingbar, und die engste Gemeinschaft ist unsere Familie. Das jüdische Brauchtum zeigt uns einige Verhaltensregeln, die uns, wenigstens für einen kurzen Zeitraum in der Woche, zur Ruhe bringen können. Das Üben der Ruhe ist ein unser ganzes Leben andauernder Lernprozeß.

32. Nichtjuden können am Schabbat teilhaben

Wenn wir etwas vom Schabbatgesetz übernehmen wollen, dann wäre es ganz falsch, zu sagen: »Mir leuchten die Schabbatgesetze ein; jetzt will ich alles genau nach Vorschrift befolgen.« Das Üben der Ruhe ist ein langwieriger Lernprozeß, der Jahre, vielleicht sogar ein ganzes Leben lang, andauert. Jahrhundertelang wurden wir zur Schnelligkeit und Aktivität erzogen; diesen Prozeß von heute auf morgen zu stoppen ist nicht möglich. In Israel lebe ich in einer Umgebung, die es mir leicht macht, das Schabbatgesetz einzuhalten, und doch weiß ich, wie ungeheuer schwierig es ist, an einem Tag der Woche auf unsere technischen Hilfsmittel zu verzichten. Um wieviel schwieriger wird dies für Menschen sein, die in einer Welt leben, in der Dynamik und Konsum Grundpfeiler der Kultur sind.

Kann jemand, der in der christlichen Tradition oder sogar religionslos erzogen wurde, am Schabbat teilhaben? Ich glaube, ja. Die Idee, daß der Mensch an einem Tag in der Woche die Schöpfung nicht antasten darf, ist genauso universal wie der Gedanke, daß jeder Mensch ein Recht auf Leben hat, wie er im Gebot: »Du sollst nicht morden« ausgedrückt ist. Das Wort Schabbat bedeutet ruhen und sitzen; Eigenschaften, die in unserer modernen, schnellebigen

Zeit nicht geübt werden und ihren positiven Wert eingebüßt haben. Im Judentum wird Gott geehrt, indem der Schabbat geheiligt wird. Es stellt sich die Frage, wie jemand, der nicht an Gott glaubt, die Zeit heiligen kann.
Hier kommt uns unser Verstand zu Hilfe. Wenn wir an unsere Vernunft appellieren, dann erkennen wir, daß wir innehalten müssen; schon alleine deshalb, um weniger zu konsumieren, um unsere Umwelt weniger zu belasten und um weniger zu zerstören. Wir müssen Wege finden, Familienbeziehungen zu verbessern und Werte neu zu bestimmen. Daß wir durch unser Verhalten die Natur zerstören, ist uns bewußt; und wir merken, daß unsere hektische Lebensweise uns einem unentwegten Streß aussetzt, der uns krank macht. Die Pflege der Ruhe kann uns aus diesem Teufelskreis herausführen.
Es ist vollkommen unmöglich, sich der Ruhe zu nähern, indem man sich vornimmt, nichts zu tun. Wollte jemand von heute auf morgen alle Schabbatvorschriften einhalten, so würde er sofort scheitern. Aber man kann mit einem Abend in der Woche beginnen. Widmen wir ihn der Familie und heiligen wir die Zeit, indem wir den Abend aus dem wöchentlichen Einerlei herausheben. Kehren wir regelmäßig zu ihm zurück, und er wird uns lieb und teuer werden.
Was muß ich tun, wenn ich den Schabbat feiern will, wird Ihre berechtigte Frage sein. Bereiten Sie ihn gemeinsam mit Ihrer Familie vor. Beide, Mann und Frau, müssen überzeugt sein, daß dieser Abend für sie und die Familie wichtig ist und ihn deshalb in Zusammenarbeit gestalten. Wenn ein Partner sich dagegen sträubt, dann muß man auf jede Form des Schabbats verzichten, denn wo Streit und Unwillen herrschen, kann Frieden nicht einziehen, und Ruhe ist ohne inneren Frieden nicht möglich. Der Schabbat

kann helfen, die Beziehung zwischen Mann und Frau zu verbessern, aber nur, wenn er nicht selber zum Anlaß für Auseinandersetzungen wird.
Alles, was Sie bedrückt, sei es der Ärger mit Kollegen, wichtige Termine, die anstehen, oder die Angst um den Arbeitsplatz – schieben Sie die Gedanken daran für einen Abend beiseite und konzentrieren Sie sich auf die engste Gruppe in Ihrem Leben, auf Ihre Familie. Schabbat wird nicht mit Freunden und Bekannten, Geschäftskollegen oder gesellschaftlichen Cliquen gefeiert. Er dient weder der Unterhaltung noch der Zerstreuung. Der Schabbat ist eine Familienfeier, und mit seiner Kraft schmiedet er die Individuen zu einer Einheit zusammen. Zur Familie gehören die Ehepartner und Kinder, die Eltern und Geschwister. Am Schabbat treffen sich die Generationen und in den traditionellen jüdischen Familien ist es üblich, den Schabbatbeginn bei den Eltern zu feiern, auch wenn man selber schon erwachsen ist und eigene Kinder hat.
Wie können Sie an einem Abend in der Woche ein wenig von der Schabbatatmosphäre einfangen? Das wichtigste ist, daß Sie daraus kein aufwendiges Fest mit langen Vorbereitungen machen. Schon Kleinigkeiten genügen, um die Stimmung und den Rahmen zu verändern. Decken Sie den Tisch mit einem nicht alltäglichen Tischtuch, stellen Sie Kerzen auf, benutzen Sie ein anderes Geschirr und ziehen Sie sich um. Suchen Sie ein Kleidungsstück aus, das die festliche Stimmung betont. Es soll nicht die eigene Schönheit unterstreichen, sondern helfen, in die Festtagsatmosphäre hinüberzugleiten. Die Schabbatkleider bleiben allein diesem Tag vorbehalten. Nicht der Wechsel kennzeichnet den Schabbat, sondern die Kontinuität, und darum soll man ruhig jeden Freitagabend die gleiche Kleidung tragen,

um auch im äußeren Erscheinungsbild die Veränderung soweit wie möglich zu vermeiden.
Die Gleichförmigkeit des Schabbats wird auch durch die Zusammenstellung der Mahlzeit ausgedrückt. In vielen jüdischen Familien wird über Generationen hinweg das gleiche Schabbatmenü aufgetischt. Keiner erwartet jedesmal eine neue Speisenfolge, sondern das Alte und Gewohnte kennzeichnen den Abend. Am Essen und am Geruch der Mahlzeit erkennt man den besonderen Tag.
Die Mahlzeit soll mit Liedern beginnen und enden; der Gesang ist ein unverzichtbarer Bestandteil der Feier. Hier wird kein Konzert vor kritischen Ohren gegeben, sondern einem Seelenbedürfnis Ausdruck verliehen. Das Lied schmiedet die Familiengruppe zusammen und fördert die Intimität der Gemeinschaft. Jeder Mensch kann singen; Musik und Töne sind ein Grundbedürfnis unseres menschlichen Wesens. Auch wenn es nicht immer vorbildlich klingt und der eine oder andere im Ton falsch liegt, so spielt das für die Atmosphäre des Abends keine Rolle. Wenn wöchentlich die gleichen Lieder wiederholt werden, gewöhnt sich jedes Familienmitglied an einen bestimmten Ablauf, und die Familie entfaltet ihren eigenen Rhythmus. Gemeinsam führen Vater und Mutter ihre Kinder in die Welt des Gesangs ein, und seien es auch nur wenige Minuten in der Woche.
Vor Beginn der Feier wird der Telefonstecker aus der Wand gezogen. Sie und Ihre Familie sind für die Außenwelt nicht zu sprechen. Die meisten Menschen werden jetzt sofort mit Ängsten reagieren: »Was geschieht, wenn man mich unbedingt erreichen muß, wenn irgendwo etwas passiert ist?« Im Zeitalter des mobilen Telefons, in dem uns die Werbung suggeriert, jederzeit und an jedem Ort unbedingt erreich-

bar zu sein, ist es kein leichter Entschluß, sich freiwillig vom Kommunikationsnetz abzuschalten. Und doch ist dieser Schritt wichtig, damit der Familienverband nicht aus seiner Stimmung herausgerissen wird. Widmen Sie sich an diesem Abend den Menschen, mit denen Sie am Tisch sitzen, und lassen Sie sich nicht von anderen ablenken. Freunde und Bekannte werden sich im Laufe der Zeit daran gewöhnen, daß Sie an einem Abend in der Woche nicht gestört sein wollen.

Weit schwieriger, als das Telefon aus dem Stecker zu ziehen, ist es, den Fernseher nicht anzuschalten. Wir merken schon gar nicht mehr, wie sehr wir von dem Gerät abhängig sind. Was macht man einen ganzen Abend lang miteinander? Worüber redet man, wenn man nicht gewohnt ist, sich miteinander zu unterhalten; wie schaltet man die innere Unruhe ab, die sich in dem Moment einstellt, in dem man mit Tätigkeiten wie Essen und Abwaschen fertig ist? Die Langeweile ist sofort zur Stelle, denn in unserer lauten, aber stummen Zeit reden die Medien für uns, füttern uns mit Zerstreuung und Zeitvertreib und beschäftigen unsere Sinne. Langeweile ist der Ausdruck einer inneren Unruhe, einer Sucht nach Ablenkung, einer gehetzten Leere, die wir mit irgendwelchen Tätigkeiten füllen müssen.

Es hört sich leichter an, als es ist, an einem Abend in der Woche auf das Fernsehen zu verzichten. Man muß wieder reden und erzählen lernen, und wer kann schon mit einem reißenden Krimi konkurrieren, der gerade im Fernsehen läuft. Im Vergleich dazu ist das Alltagsleben uninteressant und grau; meistens läuft der Tag ereignislos ab, als würde er keine Spuren in unserer Seele hinterlassen. Wie kleine Kinder müssen wir wieder reden lernen. Die Welt existierte jahrtausendelang ohne Fernseher; wir können üben, an ei-

nem Abend in der Woche auf ihn zu verzichten. Aus eigener Erfahrung weiß ich, daß es nicht immer gelingt, und je älter die Kinder sind, desto mehr werden sie sich gegen solch einen Schritt sträuben. Es wird uns wie den Rauchern gehen, die dauernd versuchen aufzuhören und stets wieder der Sucht erliegen. Fernsehen ist eine seelische Sucht, der wir heute alle unterliegen; das gemeinschaftliche Feiern des Schabbats mit der Familie kann uns helfen, ein wenig von dieser Abhängigkeit loszukommen.
Wochentags sind die Autobahnen durch den Berufsverkehr verstopft, am Wochenende staut sich der Ausflugsverkehr. Unsere innere Unruhe treibt uns zur Bewegung an, die nichts bringt. Wer kennt nicht das schale Gefühl nach einem Wochenendausflug, wenn man in der Autokolonne vorwärtsschleicht, um ein Ausflugslokal zu erreichen, danach aufgeregt fluchend einen Parkplatz sucht und sich ärgert, weil man so weit weg parken muß. Erschöpft und gestreßt kommt man nach Hause, und der Tag, der eigentlich der Erholung dienen sollte, verging in Hektik und Hetze. Verzichten Sie der Schöpfung zuliebe an einem Abend in der Woche auf das Auto. Nehmen Sie sich nichts vor: kein Kino und keinen Theaterbesuch. Die Kraft des Abends liegt in der Abgeschiedenheit, zusammen mit dem Ehepartner, den Eltern und den Kindern.

33. Ein Schabbatjahr für die Erzieher

Sechs Jahre sollst du dein Land besäen und seine Früchte einsammeln.
Aber im siebenten Jahr sollst du es ruhen und liegen lassen, daß die Armen unter deinem Volk davon essen, und was übrigbleibt, mag das Wild auf dem Felde fressen. Ebenso sollst du es halten mit deinem Weinberg und deinen Ölbäumen (2. Mose 23:10–11).

Die Thora fordert für jedes siebte Jahr ein Schabbatjahr, in dem die Erde nicht bearbeitet werden soll; weder Pflügen und Säen noch Bepflanzen ist erlaubt. Das Recht des Bodens kommt in dem oben angeführten Gebot zum Ausdruck. Der Mensch soll die Erde nicht unentwegt ausschöpfen; sie braucht Schonung und Ruhe, um sich zu erholen.
Die Idee, daß Ruhe die physische und vor allem die seelische und geistige Kraft des Menschen wiederherstellt, ist ein Grundgedanke im Judentum. Diese Erkenntnis kommt in der Einrichtung des Schabbatjahrs für Erzieher zum Tragen. In Israel haben alle, die im Erziehungsbereich tätig sind, einen Anspruch auf ein Schabbatjahr. Von der Kinderpflegerin bis zum Professor ist die Arbeit in den päd-

agogischen Berufen auf sechs Jahre begrenzt; danach folgt ein Jahr, das der Fortbildung dient. Der Erzieher nimmt an Kursen seiner eigenen Wahl teil und wird für zwölf Monate wieder zum Lernenden. Im Schabbatjahr gewinnt er Abstand von seiner Arbeit und den Zöglingen; ein Jahr lang ist er kein geistig Gebender, sondern wieder ein Aufnehmender. Der Mensch kann nicht ein Leben lang ununterbrochen lehren; nach einer gewissen Zeit ist er ausgebrannt. Deswegen benötigt der Pädagoge unbedingt eine schöpferische Arbeitspause.

Die Zukunft eines Volkes liegt in der Erziehung seiner Kinder. Verheerend ist die Ansicht, daß Lehrer wenig arbeiten und viel Ferien und Freizeit haben. Lehren erfordert den engagierten Einsatz des Erziehers. Er bildet den Charakter und die Persönlichkeit des jungen Menschen heran, und kein Gut ist wichtiger als die Seelen unserer Kinder. Leider kommt die pädagogische Arbeit in den Schulen zu kurz; der Lehrer ist zum Vermittler von abfragbarem Wissen geworden und die Schule zum Trainingsplatz des Konkurrenzkampfs herabgesunken. Computerprogramme übernehmen teilweise den Unterricht; der Mensch und das Menschliche werden ausgeschaltet. Eigenschaften wie Herzensgüte, Hilfsbereitschaft und Barmherzigkeit sind keine Lernziele der schulischen Ausbildung; sie lassen sich nicht messen und in genormte Unterrichtseinheiten einbinden. Mehr Fakten, mehr Wissen, schneller arbeiten, mehr leisten sind die erklärten Ziele der Lehrpläne. Musische Fächer, die Kreativität und Phantasie fördern, nehmen einen untergeordneten Stellenwert ein. »Nicht für die Schule, für das Leben lernen wir«, lautet ein lateinisches Sprichwort, und die Schule hat sich zum Handlanger der Konsumgesellschaft entwickelt.

In der westlichen Kultur unterwerfen wir uns dem Diktat der Wirtschaft. An die Stelle Gottes haben wir das Geld gesetzt, das sich unter tausend Begriffen verbirgt: Wohlstand, Sicherheit, Lebensqualität, Luxus – alles Namen für den gleichen Götzen. Wir dienen ihm mit der gleichen Hingabe wie ein religiöser Mensch seinem Gott und haben genausoviel Angst, gegen die Gesetze dieses Götzen zu verstoßen, wie ein religiöser Mensch sich fürchtet, Gottes Gebote zu mißachten. Wir glauben, daß das Leben vorausberechenbar und planbar ist, und orientieren uns an rationalen und kommerziellen Erwägungen. Die Sicherheit, die der religiöse Mensch im Einklang mit Gott findet, suchen wir in der materiellen Absicherung. Auch wenn wir unzufrieden und unglücklich sind, fürchten wir, unsere Lebensbedingungen zu ändern. Millionen Menschen arbeiten unter schwerster psychischer Anspannung und üben ihre Tätigkeit nur widerwillig aus. Sie warten nur auf den Feierabend oder das Wochenende; und trotzdem kündigen sie nicht oder versuchen etwas Neues. Es müssen schon ganz massive Lebensumstände eintreten, um sie von ihrem vorgeplanten Weg abzubringen.

Der Zwiespalt zwischen Gott und Geld, das im Tenach durch das goldene Kalb versinnbildlicht wird, ist so alt wie die Bibel selbst. Unermüdlich mahnen die Propheten, die Gebote Gottes einzuhalten und nicht den Verlockungen des Goldes zu erliegen.

Die kapitalistische Ideologie ist im Moment noch auf ihrem ungehinderten Siegeszug durch die ganze Welt. Sie wird aber eines Tages genauso zusammenbrechen wie der Kommunismus. Es wird die Zeit kommen, in der man mit der raffiniertesten Werbung, den besten Sprüchen und dem größten finanziellen Aufwand die Menschen nicht mehr

dazu bewegen wird, mehr zu kaufen. Die multinationalen Konzerne werden zusammenbrechen, weil sie ihre Produkte nicht absetzen können und die Menschen nicht mehr bereit sein werden, unter widrigen Bedingungen zu arbeiten. Aber zur Zeit bauen wir noch fleißig am Turm zu Babel und glauben, daß wir gottähnlich werden. Dabei beschleunigen wir unser eigenes Verderben, weil uns die Ehrfurcht vor der Schöpfung verlorengegangen ist.
Der Schabbat kann der erste Stein sein, den wir aus der Mauer der Rastlosigkeit, dem Haus der Unruhe und dem Palast der Habgier herausbrechen. Stellen wir uns nur einmal vor, daß an einem Tag der Woche die Maschinen nicht dröhnen, die Autos nicht fahren, die Flugzeuge nicht fliegen, die Telefone nicht klingeln, die Radios nicht plärren und die Fernseher nicht flimmern würden. An einem Tag in der Woche würden keine Industrieabfälle die Luft verpesten, das Wasser verschmutzen und den Boden vergiften. An einem Tag in der Woche würde sich Stille auf die Erde herabsenken und Ruhe in unsere Herzen einziehen. Die Natur würde aufatmen, wenn wir ihr die von Gott geforderte Ehrfurcht zollen und sie nicht ständig durch unsere Arbeit vergewaltigen würden.
Nicht nur nach Neuem müssen wir suchen, sondern das Alte hervorkramen und lernen, was andere vor uns erkannt haben. Israels weisester König Salomon sagte:

> Ich tat große Dinge, ich baute mir Häuser, ich pflanzte mir Weinberge,
> ich machte mir Gärten und Lustgärten und pflanzte allerlei fruchtbare Bäume hinein,
> ich machte mir Teiche, daraus zu bewässern den Wald der grünenden Bäume.

> Ich erwarb mir Knechte und Mägde und hatte auch Gesinde, im Hause geboren, ich hatte eine größere Habe an Rindern und Schafen als alle, die vor mir zu Jerusalem waren.
> Ich sammelte mir auch Silber und Gold und was Könige und Länder besitzen, ich beschaffte mir Sänger und Sängerinnen und die Wonne der Menschen, Frauen in Menge,
> und war größer als alle, die vor mir zu Jerusalem waren. Auch da blieb meine Weisheit bei mir.
> Und alles, was meine Augen wünschten, das gab ich ihnen und verwehrte meinem Herzen keine Freude, so daß es fröhlich war von aller meiner Mühe, und das war mein Teil von aller meiner Mühe.
> Als ich aber ansah alle meine Werke, die meine Hand getan hatte, und die Mühe, die ich gehabt hatte, siehe, da war alles eitel und Haschen nach dem Wind und kein Gewinn unter der Sonne (Prediger 2:4–11).

König Salomon erkannte, daß das Streben nach mehr Besitz, nach Schönheit, nach langem Leben und gesteigertem Genuß nichts anderes ist als sinnloses Streben. Sein Rat an die Menschen war, Gott zu suchen und nach Seiner Lehre zu leben: »Fürchte Gott und halte seine Gebote« (Prediger 12:13).

Anmerkungen

1 *Schalom Ben-Chorin:* Ich lebe in Jerusalem, Gerlingen 1979, S. 9

2 *Giuseppe Levi* (Hrsg.): Buch der jüdischen Weisheit, Parabeln, Legenden und Gedanken aus Talmud und Midrasch, Wien/Leipzig 1921, S. 8

3 *Erich Spier:* Der Sabbat, Berlin 1989, S. 64

4 *Viktor E. Frankl:* ... trotzdem Ja zum Leben sagen, Ein Psychologe erlebt das Konzentrationslager, München 1982, S. 61

5 *Heinrich Heine:* Hebräische Melodien, in: Buch der Lieder, 2. Teil, 3. Buch, herausgegeben von Helene Herrmann und Raimund Pissin, Berlin/Leipzig/Wien/Stuttgart (ohne Erscheinungsjahr), S. 240

6 *Alice Schwarz-Gardos* (Hrsg.): Heimat ist anderswo, Deutsche Schriftsteller in Israel, Freiburg/Breisgau 1983, S. 154

7 *Martin Buber:* Hundert Chassidische Geschichten, Berlin 1933, S. 6

8 *Norbert Glatzer* (Hrsg.): Rabbi Mosche ben Maimon, Ein systematischer Querschnitt durch sein Werk, Berlin 1935, S. 64ff.

9 *Sigmund Freud:* Die Zukunft einer Illusion, in: Das Unbewußte, Schriften zur Psychoanalyse, Frankfurt/Main 1960, S. 314

10 *Sigmund Freud:* Das Unbehagen in der Kultur, ebenda, S. 341ff.

11 *Martin Buber:* Hundert Chassidische Geschichten, Berlin 1933, S. 5

12 *Norbert Glatzer* (Hrsg.): Rabbi Mosche ben Maimon, Ein systematischer Querschnitt durch sein Werk, Berlin 1935, S. 32

13 *Guiseppe Levi* (Hrsg.): Buch der jüdischen Weisheit, Parabeln, Legenden und Gedanken aus Talmud und Midrasch, Wien/Leipzig 1921, S. 66

14 *Rainer Funk/Bernd Sahler* (Hrsg.): Erich Fromm, Das jüdische Gesetz, Zur Soziologie des Diaspora-Judentums, Weinheim/Basel 1989, S. 32

15 *Jüdisches Lexikon*, Ein enzyklopädisches Handbuch des jüdischen Wissens in vier Bänden, Berlin 1927, Band V, 5, S. 982

16 *Simcha Cohen:* Die Thora vom Himmel, in: *David Salomon* (Hrsg.): Wurzeln – Zum Kennenlernen des Judentums, Bnei Brak (ohne Erscheinungsjahr), S. 45

17 *Rabbiner Chajim Halevy Donin:* Jüdisches Gebet heute, Eine Einführung zum Gebetbuch und zum Synagogengottesdienst, Zürich 1986, S. 139

18 *Elie Wiesel:* Macht Gebete aus meinen Geschichten, Freiburg/Breisgau 1986, S. 14

19 *Else Schubert-Christaller:* Jüdische Legenden, Heilbronn 1929, S. 118

20 *Theobald Nebel:* Die Geschichte der Freudentaler Juden, in: Ludwigsburger Geschichtsblätter 34/1982, 35/1983 und 36/1984, S. 102

21 *Jehoschua Eibschütz:* Heiligung und Mut, Sammlung von Zeugenaussagen über Glauben in der Zeit des Holocaustes, Tel-Aviv (ohne Erscheinungsjahr), S. 20

22 *Joseph Lortz:* Geschichte der Kirche, Münster 1962, S. 26

23 *Joseph Klausner:* Jesus von Nazareth, Berlin 1930, S. 572

24 ebenda, S. 573

25 *Joseph Klausner:* Von Jesus zu Paulus, Jerusalem 1959, S. 112ff.

26 *Chajim Halevy Donin:* Jüdisches Leben, Eine Einführung zum jüdischen Wandel in der modernen Welt, Zürich 1987, S. 124

27 *Jacob ben Isaac:* Zeenah und Reenah, Frauenbibel, Übersetzung und Auslegung des Pentateuch, Frankfurt/Main 1930, S. 48

28 *Emil Davidovic:* Als Rabbiner in Auschwitz, in: Günther Bernd Ginzel (Hrsg.): Auschwitz als Herausforderung für Juden und Christen, (ohne Erscheinungsort) 1980, S. 436

29 *Marc-Alain Quaknim:* Das verbrannte Buch, Den Talmud lesen, Weinheim/Berlin 1990, S. 128

30 Ebenda, S. 129

31 *Rachel Salamander* (Hrsg.): Die Jüdische Welt von gestern, Wien 1990, S. 244

32 *Erich Fromm:* Die Revolution der Hoffnung, Für eine Humanisierung der Technik, Frankfurt/Main 1981, S. 11

33 *Reinhold Mayer:* Der Babylonische Talmud, München 1963, S. 507

34 *Giuseppe Levi* (Hrsg.): Buch der jüdischen Weisheit, Parabeln, Legenden und Gedanken aus Talmud und Midrasch, Wien/Leipzig 1921, S. 53ff.

35 *Sason Raphael Hirsch:* Der jüdische Sabbath, Schriften des Verbandes der Sabbathfreunde, IV., Frankfurt/Main 1908, S. 1

36 *Leo Baeck:* Das Schabbatliche, in: *Friedrich Thieberger* (Hrsg.): Jüdisches Fest, Jüdischer Brauch, Berlin 1936, S. 93

37 *Nathan Peter Levinson:* Ein Rabbiner in Deutschland, Gerlingen 1987, S. 61

38 *Moritz Zobel:* Der Sabbat. Sein Abbild im jüdischen Schrifttum, seine Geschichte und seine heutige Gestalt, Berlin 1935, S. 43

39 *Heinrich Heine:* Prinzessin Schabbat, in: Hebräische Melodien, in: Buch der Lieder, 2. Teil, 3. Buch, herausgegeben von Helene Herrmann und Raimund Pissin, Berlin/Leipzig/Wien/Stuttgart (ohne Erscheinungsjahr), S. 217

40 *Mendele Mocher Sforim:* Von Abend bis Abend, in: *Friedrich Thieberger* (Hrsg.): Jüdisches Fest, Jüdischer Brauch, Berlin 1936, S. 113

41 *Chajim Halevy Donin:* Jüdisches Leben, Eine Einführung zum jüdischen Wandel in der modernen Welt, Zürich 1987, S. 67

42 *Moritz Zobel:* Der Sabbat. Sein Abbild im jüdischen Schrifttum, seine Geschichte und seine heutige Gestalt, Berlin 1935, S. 67

43 *Reinhold Mayer:* Der Babylonische Talmud, München 1963, S. 519

44 ebenda, S. 521

45 *Chajim Halevy Donin:* Jüdisches Leben, Eine Einführung zum jüdischen Wandel in der modernen Welt, Zürich 1987, S. 70

46 *Isaac Bashevis Singer:* Kurzer Freitag, in: Gimpel der Narr, Reinbek 1982, S. 258

47 *Max Wiener:* Der Sabbat, in: *Friedrich Thieberger* (Hrsg.): Jüdisches Fest, Jüdischer Brauch, Berlin 1936, S. 85

48 *Fritjof Capra:* Wendezeit, Bausteine für ein neues Weltbild, Bern/München/Wien 1983, S. 150

49 *Abraham J. Heschel:* Der Sabbat. Seine Bedeutung für den heutigen Menschen, Neukirchen-Vluyn 1990, S. 14

50 *Joseph Roth:* Der Antichrist, in: Romane, Erzählungen, Aufsätze, Köln 1964, S. 625

Literatur

Ben-Chorin, Schalom: Ich lebe in Jerusalem, Gerlingen 1979

Ben Isaac, Jacob: Zeenah und Reenah, Frauenbibel, Übersetzung und Auslegung des Pentateuch, Frankfurt/Main 1930

Buber, Martin: Hundert Chassidische Geschichten, Berlin 1933

Capra, Fritjof: Wendezeit, Bausteine für ein neues Weltbild, Bern/München/Wien 1983

Die Bibel, nach der Übersetzung Martin Luthers, Stuttgart 1985

Eibschütz, Jehoschua: Heiligung und Mut, Sammlung von Zeugenaussagen über Glauben in der Zeit des Holocaustes, Tel-Aviv (ohne Erscheinungsjahr)

Frankl, Viktor E.: ... trotzdem Ja zum Leben sagen, Ein Psychologe erlebt das Konzentrationslager, München 1982

Freud, Sigmund: Das Unbewußte, Schriften zur Psychoanalyse, Frankfurt/Main 1960

Fromm, Erich: Die Revolution der Hoffnung, Für eine Humanisierung der Technik, Frankfurt/Main 1981

Funk, Rainer/Sahler Bernd (Hrsg.): Erich Fromm, Das jüdische Gesetz, Zur Soziologie des Diaspora-Judentums, Weinheim/Basel 1989

Ginzel, Günther Bernd (Hrsg.): Auschwitz als Herausforderung für Juden und Christen, (ohne Erscheinungsort) 1980

Glatzer, Norbert (Hrsg.): Rabbi Mosche ben Maimon, Ein systematischer Querschnitt durch sein Werk, Berlin 1935

Halevy Donin, Chajim: Jüdisches Gebet heute, Eine Einführung zum Gebetbuch und zum Synagogengottesdienst, Zürich 1986

Halevy Donin, Chaijim: Jüdisches Leben, Eine Einführung zum jüdischen Wandel in der modernen Welt, Zürich 1987

Heine, Heinrich: Buch der Lieder, Helene Herrmann u. Raimund Pis-

sin (Hrsg.), Berlin/Leipzig/Wien/Stuttgart (ohne Erscheinungsjahr)
Heschel, Abraham J.: Der Sabbat, Seine Bedeutung für den heutigen Menschen, Neukirchen-Vluyn 1990
Hirsch, Sason Raphael: Der jüdische Sabbath, Schriften des Verbandes der Sabbathfreunde IV., Frankfurt/Main 1908
Jüdisches Lexikon, Ein enzyklopädisches Handbuch des jüdischen Wissens in vier Bänden, Berlin 1927
Klausner, Joseph: Jesus von Nazareth, Berlin 1930
Klausner, Joseph: Von Jesus zu Paulus, Jerusalem 1959
Levi, Guiseppe (Hrsg.): Buch der Jüdischen Weisheit, Parabeln, Legenden, Gedanken aus Talmud und Midrasch, Wien/Leipzig 1921
Levinson, Peter Nathan: Ein Rabbiner in Deutschland, Gerlingen 1987
Lortz, Joseph: Geschichte der Kirche, Münster 1962
Mayer, Reinhold (Hrsg.): Der Babylonische Talmud, München 1963
Nebel, Theobald: Die Geschichte der Freudentaler Juden, Ludwigsburger Geschichtsblätter 34/1982, 35/1983 und 36/1984
Quaknim, Marc-Alain: Das verbrannte Buch, Den Talmud lesen, Weinheim/Berlin 1990
Roth, Joseph: Romane, Erzählungen, Aufsätze, Köln 1964
Salamander, Rachel (Hrsg.): Die Jüdische Welt von gestern, Wien 1990
Salomon, David (Hrsg.): Wurzeln – Zum Kennenlernen des Judentums, Bnei Brak (ohne Erscheinungsjahr)
Schlenger, Moshe Chaim: Grundlagen der Schabbatvorschriften, Jerusalem 1885
Schubert-Christaller, Else: Jüdische Legenden, Heilbronn 1929
Schwarz-Gardos, Alice (Hrsg.): Heimat ist anderswo, Deutsche Schriftsteller in Israel, Freiburg/Breisgau 1983
Singer, Isaac Bashevis: Gimpel der Narr, Reinbek 1982
Spier, Erich: Der Sabbat, Berlin 1989
Thieberger, Friedrich (Hrsg.): Jüdisches Fest, Jüdischer Brauch, Berlin 1936
Thora, Propheten und Schriften, Jerusalem 1989
Wiesel, Elie: Macht Gebete aus meinen Geschichten, Freiburg/Breisgau 1986
Zobel, Moritz: Der Sabbat, Sein Abbild im jüdischen Schrifttum, seine Geschichte und seine heutige Gestalt, Berlin 1935

Lea Fleischmann, 1947 geboren, ist Kind jüdischer Eltern, die den Holocaust überlebten. Nach sechs Jahren im hessischen Schuldienst wanderte sie 1979 nach Israel aus. Das Fazit ihres Lebens in der Bundesrepublik erschien 1980: *Dies ist nicht mein Land.* Zwei Jahre später erschien ihr Buch *Ich bin Israelin,* in dem sie humorvoll ihre ersten Eindrücke in Jerusalem schildert. Es folgten zwei Bände mit Kurzgeschichten: *Nichts ist so, wie es uns scheint* und *Abrahams Heimkehr.* 1991 beschrieb sie in dem Buch *Gas – Tagebuch einer Bedrohung* die Situation der Israelis während des Golfkrieges. 1994 erschien *Schabbat. Das Judentum für Nichtjuden verständlich gemacht* und 2000 *Rabbi Nachman und die Thora.* Der Erfolg dieser Bücher führte zu ausgedehnten Lesereisen durch Deutschland.

1992 richtete Lea Fleischmann gemeinsam mit dem Künstler Dudu Barnis ein kulturelles Begegnungszentrum für deutschsprachige Gruppen in Jerusalem ein. Informationsmaterial kann unter folgender Adresse angefordert werden:

Kulturelle Begegnungsstätte
Lea Fleischmann
P.O.Box 6896, Herz Blvd. 38
Jerusalem 91060, Israel
Tel.: 0 09 72-2-6 51 01 92
Fax: 0 09 72-2-6 51 02 48
E-mail: leaflei@internet-zahav.net